Flávio Faibischew Prado

Mediação, inteligência emocional e neurociência

Como construímos melhores decisões equilibrando razão e emoção

Flávio Faibischew Prado

Mediação, inteligência emocional e neurociência

Como construímos melhores decisões equilibrando razão e emoção

São Paulo
2023

Para Lu

*"As emoções enriquecem;
um modelo mental que
as ignora se empobrece."*
(Daniel Goleman, 2012)

*"As emoções o levam
ao que a lógica é incapaz
de descobrir sozinha."*
(Christine Leunens, O céu que nos oprime)

SUMÁRIO

PREFÁCIO: Tania Almeida 10

PRÓLOGO 12

PARTE UM
RACIONALIDADE, INTELIGÊNCIA E INTELIGÊNCIA EMOCIONAL

1. Natural condição humana de racionalidade limitada 16
2. Inteligência, emoções e as múltiplas inteligências 19
   - 2.1. A desautomatização das reações 19
   - 2.2. O papel das emoções 20
   - 2.3. Uma visão pluralista da mente 27
3. Inteligência emocional e neurociência 30
   - 3.1. Autoconsciência 32
   - 3.2. Autocontrole 34
   - 3.3. Empatia 36
   - 3.4. Habilidade Social 42
4. Interlúdio 44

PARTE DOIS
A MEDIAÇÃO TRANSFORMATIVA E OS APORTES DA INTELIGÊNCIA EMOCIONAL E DA NEUROCIÊNCIA

5. A Mediação Transformativa 47

5.1. O conflito para a Mediação Transformativa 48

5.2. O conflito para a Mediação Transformativa
e os aportes da inteligência emocional e da neurociência 50

5.3. A promessa da Mediação Transformativa 59

5.4. A promessa da Mediação Transformativa
e os aportes da inteligência emocional 64

5.5. Como o mediador transformativo ajuda os mediandos 69

    a. Espelhamento 73

    b. Resumo 76

    c. Verificação 77

5.6. Como o mediador transformativo ajuda os mediandos
e os aportes da inteligência emocional e da neurociência:
foco no processo dialógico 80

    a. Contágio emocional e o papel de liderança
       do mediador no processo dialógico 83

    b. Foco no processo dialógico: do pensamento rápido
       para o pensamento devagar 88

    c. Foco no processo dialógico: antídoto para o viés
       do autoengano 97

    d. Foco no processo dialógico: mediação é um *nudge* 102

PARTE TRÊS

A MEDIAÇÃO FACILITATIVA VISTA PELAS PERSPECTIVAS TRANSFORMATIVA E DA INTELIGÊNCIA EMOCIONAL

6. A Mediação Facilitativa 110

6.1. Separar as pessoas do problema 111

6.2. Concentrar-se nos interesses 116

6.3. Criatividade: invenção de opções de ganhos mútuos 120

6.4. Utilização de critérios objetivos 122

6.5. Desenvolvimento de alternativas ao acordo 124

7. A Mediação Transformativa e a Facilitativa lado a lado 126

EPÍLOGO: Um convite para novos processos dialógicos 128

Referências 132

Agradecimentos 135

PREFÁCIO

Mediação, Inteligência Emocional e Neurociência – como construímos melhores decisões equilibrando razão e emoção.

O **título** fala de articulação entre o fazer da Mediação, as condições emocionais para esse fazer e o suporte da fisiologia do Sistema Nervoso Central para que essa articulação ocorra, provocando uma boa conversa entre Mediação, inteligência emocional e Neurociência.

O **subtítulo** faz um apropriado recorte: as tomadas de decisão que o cenário da Mediação viabiliza, e o equilíbrio entre razão e emoção, um *continuum* em que ambas se encontram, não em oposição, mas em permanente negociação. No texto de Flávio Faibischew Prado, a conversa entre processos cognitivos e processos emocionais dá boas-vindas à emoção nas tomadas de decisão, desfazendo o paradigma de que emoções precisariam ser afastadas desses momentos.

O **conteúdo** nos brinda com uma mesa de conversa entre todos esses temas e, em especial, com momentos de *caucus* com a Mediação Facilitativa e a Mediação Transformativa. Foi muito prazeroso ter sido observadora da Mediação que o autor conduziu entre essas duas formas de criar cenários de entendimento, entendidas por alguns como duas Escolas de Mediação.

Com a delicadeza cirúrgica que a prática da Mediação exige, e conversando com cada uma dessas Escolas em entrevistas privadas, o autor vai nos ajudando a perceber que ambas têm interesses comuns e interesses complementares, tratam pauta objetiva e pauta subjetiva com semelhante dedicação e diferem, somente, naquilo que também é singular nos seres humanos – seus *mindsets*.

Com a leitura e a linha de raciocínio do mediador Flávio, percebemos que o *mindset* de cada uma dessas Escolas foi construído em particulares culturas e por distintos mapas mentais, preservam as distinções culturais propiciadas por seus nascedouros e possuem intervenções particulares que conversam em termos de objetivos – interesses e reconhecimentos, necessidades e fortalecimentos. Mediação Facilitativa e Mediação Transformativa têm propostas convergentes e buscam preservar valores similares, mantendo em comum o propósito de auxiliar pessoas a construírem entendimento por meio do diálogo – *são arcabouços prático-teóricos que se complementam*.

Nesse passeio conduzido pelo autor, um *pout-pourri* de temas se apresenta como música de fundo das reflexões compartilhadas com o leitor, mencionando seus autores e viabilizando buscas a mais nas obras originais. Além de transitar pelas intervenções prestigiadas pelas duas Escolas de Mediação, o leitor será convidado a conhecer contribuições de distintos saberes nas tomadas de decisão – da teoria da inteligência emocional e das múltiplas inteligências; da racionalidade limitada e do ser humano como refém de seus vieses e das tensões ao decidir; da inteligência social e do contágio emocional; da fisiologia do sistema nervoso central e seus circuitos.

A leitura de *Mediação, Inteligência Emocional e Neurociência – como construímos melhores decisões equilibrando razão e emoção* é fluida, os temas complexos são apresentados por raciocínios e palavras simples, o prazer é crescente ao perceber a riqueza de informações condensadas no texto e ao nos identificarmos, pouco a pouco, conduzidos por Flávio, como coautores da ideia de que *a Mediação é um* nudge *em direção a decisões inteligentes*.

Tania Almeida

PRÓLOGO

Este ensaio transformado em livro tem como origem estudos e aprendizados provenientes de diferentes fontes. Uma delas foi o artigo de conclusão do Curso de Mediação de Conflitos – Julgados de Paz – Bootcamp, organizado pelo ICFML, em parceria com a Escola de Direito da Universidade Católica Portuguesa do Porto, no qual estabeleci um paralelo entre os modelos de mediação transformativo e facilitativo. A outra foi o trabalho de conclusão do curso de Pós-Graduação em Neurociências e Comportamento da Pontifícia Universidade Católica do Rio Grande do Sul, que aprofundou meus estudos da mediação, vista sob as perspectivas da teoria da inteligência emocional e de conhecimentos provenientes da neurociência.

A compreensão da Mediação como processo dialógico possibilitou a junção dos dois trabalhos e o surgimento do presente texto. Uma das inspirações para isso veio da frase de Gergen que considero tão importante em minha formação como mediador: "se é pelo diálogo que surgem as bases do conflito, então o diálogo pode ser nossa melhor opção para tratar de realidades conflitantes" (1999, p. 30).

O ensaio que nasce representa um novo aprendizado, que não é um mero aumento na quantidade ou no estoque de conhecimentos acumulados, mas, sim, uma mudança no modo de ver e de estar no mundo. Falo, aqui, do aprendizado como uma "mudança epistemológica", do modo como aprendi com Vania Yazbek (2019, p. 245): "um processo de aprendizagem transformador, dialógico e criativo, que oferece a oportunidade de pensarmos de maneira diferente sobre nós mesmos, sobre os outros e sobre viver em nosso mundo".

Utilizei já por duas vezes a palavra ensaio para me referir ao texto que ora é apresentado. Gosto da palavra ensaio, porque ela me remete à ideia de não definitividade. Quero dizer que o texto permanecerá aberto à reconstrução e à reflexão; apresento a minha perspectiva sobre os assuntos abordados e ofereço uma visão que coexiste com outras. A diversidade é natural e é bem-vinda.

O leitor verá que o livro tem a proposta de demonstrar que a mediação, como método de gestão de conflitos, constitui-se como um ambiente favorável à construção de decisões inteligentes, na medida em que promove o desenvolvimento de competências vinculadas à inteligência emocional.

A primeira parte do livro apresentará entendimentos a respeito das ideias de racionalidade limitada e inteligência. Será dada ênfase para a integração entre aspectos emocionais e aspectos racionais no processo de tomada de decisões. Serão apresentados fundamentos advindos da teoria da inteligência emocional, bem como elementos neurocientíficos.

Na segunda parte, será apresentado o modelo de Mediação Transformativa. Em busca de clareza no encadeamento das ideias, optei por apresentar este modelo em tópicos, que se referem:

a) ao conflito;

b) à promessa da mediação; e

c) à atuação do mediador.

Cada um dos três tópicos será complementado com aportes da teoria da inteligência emocional e da neurociência.

O item que trata da atuação do mediador transformativo e como ele efetivamente ajuda os mediandos terá um maior aprofundamento. Será dado foco ao processo dialógico da mediação, fundamental para o desenvolvimento das habilidades de inteligência emocional. É o equilíbrio entre aspectos emocionais e racionais que promoverá a construção das decisões inteligentes.

Na terceira e última parte do estudo, será apresentado o modelo de Mediação Facilitativa, com o objetivo de colocar em prova as ideias até então apresentadas. O modelo de Harvard será analisado sob os enfoques transformativo e da teoria da inteligência emocional, com o objetivo de confirmar (ou refutar, nos termos da teoria científica de Karl Popper) que a mediação, como processo de tomada de decisão, busca desenvolver as habilidades de autoconsciência e de empatia entre os participantes, conduzindo à construção de decisões inteligentes.

PARTE UM

RACIONALIDADE, INTELIGÊNCIA E INTELIGÊNCIA EMOCIONAL

1. NATURAL CONDIÇÃO HUMANA DE RACIONALIDADE LIMITADA

Estejamos ou não em uma situação conflituosa, diuturnamente, a vida nos impele a raciocinar e decidir. Essas duas atividades são intrinsecamente ligadas e, para produzirem melhores resultados para si e para os outros, exigem que as pessoas tenham conhecimento "a) da situação que requer uma decisão, b) das diferentes opções de ação (respostas) e c) das consequências de cada uma dessas opções (resultados), imediatamente ou no futuro" (DAMÁSIO, 1996, p. 197).

A cada tomada de decisão, a natureza humana não nos permite ter uma visão abrangente de tudo que temos diante de nós, nem de todas as opções que se abrem no presente e para o futuro e sequer das consequências de cada estratégia de escolha possível; de igual modo, não somos capazes de harmonizar e ponderar todos os valores interligados. Essas ideias foram desenvolvidas de modo pioneiro por Herbert Simon, cientista político e econômico que recebeu o Prêmio Nobel no ano de 1978 por sua pesquisa sobre o processo de tomada de decisão dentro das organizações econômicas.

Segundo Simon, nossas decisões, das questões mais fáceis às mais difíceis, adotam, pois, um modelo comportamental de "racionalidade limitada", que explica como criaturas com as nossas capacidades mentais conseguem progredir num mundo demasiado complicado. Essa teoria descreve a maneira como as pessoas tomam de fato decisões e resolvem problemas com reduzidas capacidades de avaliação, quando comparadas com a complexidade de todo o mundo que as rodeia. Em situações típicas do mundo real, por mais que queiram, os serem humanos não dispõem nem dos fatos, nem da estrutura consistente de valores, nem do poder de raciocínio necessários para aplicar uma racionalidade plena (1989, pp. 27-34).

Pode parecer óbvio que a razão funciona só depois de ter recebido um conjunto adequado de informações iniciais, ou premissas. Importa perceber que não temos a capacidade e também "não é necessário fazer escolhas infinitamente longas no tempo, que abranjam toda a série de valores humanos, e nas quais cada problema esteja interligado com todos os outros problemas do mundo" (SIMON, 1989, pp. 27-34). Não se pode querer reconhecer e analisar todos os aspectos em cada pessoa, acontecimento e situação com os quais nos deparamos. Não dispomos de tempo, energia ou capacidade para tal. De acordo com Robert Cialdini (2012, pp. 18-19), se tentássemos catalogar, avaliar e aferir todos os fatores e estímulos que envolvem um processo decisório, ficaríamos paralisados, enquanto o momento de agir passaria.

A racionalidade limitada é exatamente o fator que permite que tomemos decisões, porque, no nosso dia a dia, o que importa é que essas decisões se comportem *como se* fossem plenamente racionais. Ou seja, a limitação em si não é um problema. Ela representa nossa realidade. Um pensamento simplificado funciona bem na maior parte do tempo, com a vantagem de eficiência e economia, poupando-nos tempo, energia e capacidade mental. A desvantagem da simplificação reside na vulnerabilidade a erros ocasionais e custosos. Às vezes, as questões podem ser tão complicadas ou o tempo tão exíguo, as perturbações tão invasivas ou a agitação emocional tão intensa, a fadiga mental tão profunda, que não temos condições de reagir de forma eficiente (CIALDINI, 2012, pp.

19, 20 e 28). O problema ocorre quando a limitação se torna extremamente limitante, a ponto de nos cegar, levando-nos a tomar decisões menos vantajosas para nós mesmos e/ou para os outros.

Para lidar com a natural limitação, o mecanismo racional "precisa de, por alguma forma, concentrar atenção – de evitar a distracção (ou, pelo menos, uma distracção exagerada) e de se concentrar nas coisas que necessitam de atenção num dado momento" (SIMON, 1989, p. 31). A atenção amenizará a natural limitação humana e, conforme os ensinamentos de H. Simon, colocará especial foco: a) nos mecanismos (em especial os emocionais) que determinam uma hierarquia de prioridades para resolução; b) nos mecanismos capazes de produzir alternativas viáveis ou melhoria das alternativas já conhecidas; e c) na capacidade de aquisição de fatos sobre o meio em que nos encontramos, o que ajuda a gerar alternativas e determinar suas prováveis consequências.

Como se verá no transcorrer deste livro, a mediação funcionará como esse mecanismo de concentração da atenção para a superação de situações de crise, nas quais, de modo transitório, a nossa capacidade de tomar decisões encontra-se excessivamente limitada.

Trazendo as palavras do próprio Simon para o objeto do presente estudo, a mediação mostra-se como um processo com "mecanismos capazes de descobrir novas possibilidades que constituam 'aperfeiçoamentos' em relação às anteriormente alcançadas" (1989, p. 90).

2. INTELIGÊNCIA, EMOÇÕES E AS MÚLTIPLAS INTELIGÊNCIAS

2.1. A desautomatização das reações

Apresentada a ideia da racionalidade naturalmente limitada, passemos a uma análise sobre a inteligência. Aqui, inicialmente, nas palavras de Howard Gardner (1995, p. 197), cabe ser feita a ressalva de que "todas as definições de inteligência são moldadas pela época, pelo lugar e pela cultura em que evoluem".

Para efeitos do presente estudo, considerar-se-á a definição adotada por Suzana Herculano-Houzel (2017, p. 174) de que "inteligência é a capacidade de tomar decisões que maximizam a futura liberdade de ação – ou seja, decisões que mantêm o máximo de portas abertas para o futuro". O cerne da ideia de inteligência está na adição de complexidade ao processo decisório e no ganho de flexibilidade de comportamento, utilizando-se da "experiência passada para representar estados futuros [...], planejar a sequência apropriada de ações para chegar lá e orquestrar a execução".

Como veremos adiante (item 3.2.), as escolhas conscientes de planejamento de ações e execução de estratégias comportamentais são realizadas em nosso cérebro pela região do córtex pré-frontal. O presente livro trata apenas do processo de tomada de decisões por nós, seres humanos. A título de curiosidade, mostra-se interessante observar que os estudos neurocientíficos comparativos de diferentes espécies, desde ratos e primatas até elefantes e girafas, realizados por Suzana Herculano-Houzel (2017, pp. 156-175) chegam à conclusão de que, para que haja reais vantagens cognitivas, é importante não apenas o número absoluto de neurônios apresentados por cada espécie, mas também o número de neurônios pré-frontais disponíveis, de um modo que, quanto maior o número de neurônios nas áreas associativas do córtex pré-frontal, mais inteligente deve ser a espécie.

Feita essa pequena digressão, voltamos a definir que ser inteligente é considerar a diversidade de possíveis futuros, até um horizonte de tempo imaginado, e manter opções livres de escolha em aberto, a fim de realizar tarefas complexas em um mundo igualmente complexo. Em outras palavras, ser inteligente (e flexível) é agir por escolha (consciente) e decidir com independência em relação aos estímulos externos. Ser inteligente é ter a capacidade de adaptar-se vantajosamente a situações complexas, em vez de simplesmente reagir de maneira impulsiva e irrefletida.

Ser inteligente é desautomatizar a resposta a um estímulo interno ou externo. Para agir desse modo inteligente, portanto (e aí está um dos cernes deste ensaio), faz-se necessário ter autoconsciência, autocontrole e capacidade de reconhecer o contexto e as pessoas que nos cercam.

2.2. O papel das emoções

A afirmação de que ser inteligente equivale a agir de modo não automatizado não pretende negar os benefícios evolucionários das respostas emocionais impulsivas, irrefletidas e automáticas, que, em muitas situações, são essenciais para a nossa sobrevivência.

Um dos principais temas que abordarei no decorrer deste estudo é a busca de alguma gestão consciente sobre as emoções, para tentar superar o paradoxo de que, "com muita frequência, enfrentamos dilemas pós-modernos com um repertório talhado para urgências do Pleistoceno" (GOLEMAN, 2012, p. 31).

Detectamos o mundo à nossa volta pelos sentidos e processamos essas informações para nos orientarmos a cada tarefa que executamos, à luz de nossos conhecimentos, experiências passadas ou até mesmo de respostas inatas. Primeiramente, os estímulos sensoriais chegam às áreas do cérebro que recebem informações brutas. O processamento pode ocorrer por diferentes circuitos cerebrais, uns mais rápidos e simples, outros mais lentos e complexos. Algumas reações acontecem de modo automático, antes mesmo que possamos nos dar conta. E isso, normalmente, é bom: as respostas imediatas das emoções nos ajudam a estarmos sintonizados com as circunstâncias específicas nas quais nos encontramos (MLODINOW, 2022, pp. 119-120).

Se sentimos raiva, ansiedade, tristeza ou alegria em um encontro, o sentimento depende da nossa interpretação, ou seja, do significado atribuído ao evento. Se selecionamos e processamos as informações apropriadamente, extrairemos o que é relevante das condições analisadas e, consequentemente, o comportamento será apropriado: se construo o significado de que estou em perigo, me sentirei ansioso; se interpretar que fui injustiçado, sentirei raiva; se achar que fui abandonado, me sentirei triste; se percebo que sou amado, sentirei alegria (BECK, 1999, p. 25).

De um modo pragmático, Leonard Mlodinow explica que cada uma das emoções, como uma via rápida de processamento de informações, nos coloca em um "estado funcional" e influencia nossos julgamentos, raciocínios e ações. No estado de ansiedade, por exemplo, a preocupação subjuga a razão e a interpretação mais perturbadora dos acontecimentos pode ser um benefício para a autoproteção – seu exagero pode gerar pânico (2022, pp. 118 e 126).

As emoções que envolvem a excitação sexual são outro exemplo de um estado em que o processamento de informações é afetado, aumentando a atenção a certos estímulos sensoriais e reduzindo a outros; é o oposto fisiológico do que nos mobiliza para lutar-ou-fugir (GOLEMAN, 2012, p. 33); são desligados os alertas de perigo e a pessoa pode até mesmo diminuir o foco de evitação de patógenos (MLODINOW, 2022, p. 127) – o instinto de autoproteção perde lugar para o ímpeto de reprodução.

O estado de tristeza que envolve, por exemplo, o luto pode nos gerar o sentimento de pertencimento, nos fazer lembrar de aprendizados e nos permitir um ajustamento a essa grande perda; a diminuição de energia nos permite captar as consequências da perda para nossa vida e planejar um recomeço (GOLEMAN, 2012, p. 33) – sem elaboração, podemos perder as esperanças e entrar em depressão (MLODINOW, 2022, p. 268).

Já o estado funcional relacionado à felicidade inibe sentimentos negativos, silencia as preocupações e favorece o aumento de energia; há a sensação de tranquilidade e entusiasmo (GOLEMAN, 2012, p. 33); as pessoas ficam mais criativas, abertas a novas informações, com um modo de pensamento mais flexível, com motivação para ultrapassar limites, explorar e inventar — como as preocupações e os alertas saem de cena, o torpor da alegria pode representar uma vulnerabilidade (MLODINOW, 2022, p. 134).

Aaron Beck (1999, p. 26) expõe que, se não interpretamos adequadamente o significado do evento antes de reagir, quer queiramos ou não, o comportamento ocorrerá de forma incompatível com a circunstância específica — se atribuirmos um significado incorreto ou exagerado, as informações filtradas de um modo enviesado nos tornarão propensos a reagir inapropriadamente. Importa notar que, se já temos a natural tendência de captar de forma limitada as inúmeras variáveis de uma situação, quando estamos sob estresse ou ameaça, essa tendência de limitação se acentua. E se acentua de uma tal maneira que simplesmente descartamos todas as outras perspectivas e possibilidades, atribuindo significados com um viés autocentrado, expandindo a nossa preocupação com circunstâncias que normalmente considerarí-amos irrelevantes. Nesse estado de embotamento, selecionamos cegamente um único fio de uma complexa teia de acontecimentos. Com isso, nos tornamos reféns da limitação e nos conduzimos a decisões das quais poderemos nos arrepender no futuro.

"Nossas emoções nos levam às profundezas da tristeza e às altu-ras da alegria. São o condutor dominante por trás de escolhas e comportamentos, [o motivo pelo qual] formulamos e atingimos objetivos. Mas também podem ser a primeira coisa a nos tirar dos trilhos". Um dos temas recorrentes no estudo das emoções é aquele que nos ensina que elas "integram uma parte necessária da nossa existência e geralmente são benéficas, mas nem sempre" (MLODINOW, 2022, p. 265).

Quer sejam as emoções positivas e agradáveis ou negativas e aver-sivas, elas evoluíram como um modo de nos ajudar a sintonizar as operações mentais com as circunstâncias específicas com as quais nos deparamos. Cada emoção constitui-se como

> um sistema que se desenvolveu ao longo de milhões de anos. Funciona muito bem na maioria das vezes, mas nem quando nossos ancestrais ainda viviam nas savanas da África era à prova de falhas. E o ou-tro lado dos benefícios conferidos pela emoção é a calamidade que pode ocorrer quando ela dá errado. (MLODINOW, 2022, p. 120)

Que fique enfatizado: "o efeito contraproducente da emoção é a exceção, não a regra". São incontáveis os acontecimentos cotidianos em que as emoções nos conduzem e influenciam a tomar decisões eficientes, de modo rápido e com pouco ou nenhum esforço. Essas situações, em que tudo ocorre de modo funcional, tendem a ser triviais e geralmente passam despercebidas (MLODINOW, 2022, pp. 27-28).

Mas, em situações difíceis e complexas, ter atenção ao processo decisório aumenta a chance de que se tome uma boa decisão. "Tirar conclusões precipitadas é eficaz se há grande probabilidade de que as conclusões estejam corretas e se o custo de um ocasional erro for aceitável, e se o 'pulo' poupa grande tempo e esforço" (KAHNEMAN, 2012, p. 103).

Cada emoção desempenha uma função específica e todas elas "são, em essência, impulsos, legados pela evolução, para uma ação imediata, para planejamentos instantâneos que visam lidar com a vida" (GOLEMAN, 2012, p. 32). Em sua própria raiz latina (*movere/motio*), a palavra emoção indica a propensão ao agir imediato, à perturbação, ao movimento. Tanto é assim que, fisiologicamente, as emoções preparam o corpo para diferentes tipos de resposta.

Tomemos como exemplo a raiva: a descarga de adrenalina acelera a frequência cardíaca, o sangue flui para as mãos, que se contraem, concentrando energia para uma atuação vigorosa (GOLEMAN, 2012, p. 32). "Quando você está com raiva, seu cálculo mental aumenta a importância conferida ao próprio bem-estar e aos seus objetivos, em detrimento dos outros" (MLODINOW, 2022, p. 117). Essa estratégia adaptativa do mecanismo de funcionamento da raiva foi fundamental para a humanidade nos estágios iniciais da pré-história, quando a reação instantânea e irrefletida a uma ameaça física garantia a sobrevivência e instantes de dúvida e reflexão sobre a eventual ambiguidade de um evento poderiam levar à morte.

> Como dizia Paul Ekman: "a raiva é a emoção mais perigosa [...]. É a emoção menos adaptável hoje, porque nos mobiliza para a luta. [...] Em tempos préhistóricos, quando se tinha raiva instantânea e por um segundo se queria matar alguém, não era possível fazê-lo com muita facilidade – mas agora já é." (GOLEMAN, 2012, p. 332)

Aaron Beck aprofunda a análise da raiva em nossa sociedade contemporânea, na qual as ameaças percebidas têm, em maior parte, origem psicológica ou simbólica. Nesse cenário, a hiper-reatividade e o mecanismo de luta frequentemente se configuram como problemas, risco e desadaptação (1999, pp. 37-39).

Para superar impasses como esse e conduzir a boas escolhas, a visão racionalista tradicional enobrecia a razão, em detrimento das emoções. Para a perspectiva da *razão nobre*, "estamos nas melhores condições para decidir e somos o orgulho de Platão, Descartes e Kant quando deixamos a lógica formal conduzir-nos à melhor solução para o problema". Essa concepção racionalista sentencia que "para alcançar os melhores resultados, as emoções têm que ficar *de fora*" (DAMÁSIO, 1996, p. 203).

O presente estudo, por sua vez, inspirado inicialmente pelas pesquisas do neurologista António Damásio, propõe que emoção e sentimento são indispensáveis para a racionalidade:

> no que têm de melhor, os sentimentos encaminham-nos na direção correta, levam-nos para o lugar apropriado do espaço de tomada de decisão onde podemos tirar partido dos instrumentos da lógica. [...] As emoções e os sentimentos [...] auxiliam-nos na assustadora tarefa de fazer previsões relativamente a um futuro incerto e planejar as nossas ações de acordo com essas previsões. (1996, pp. 12-13)

Se no passado os cientistas acreditavam que as emoções tendiam a ser contraproducentes quando assumiam algum papel, hoje sabemos que a emoção é tão importante quanto a razão para orientar nossas decisões:

> enquanto o pensamento racional nos permite extrair conclusões lógicas baseadas em nossos objetivos e em dados relevantes, a emoção opera num nível mais abstrato – influenciando a importância que atribuímos aos objetivos e o peso que conferimos aos dados. [...] Se antes acreditávamos que a emoção era prejudicial ao pensamento e às decisões eficazes, agora sabemos que não é possível tomar decisões, ou sequer pensar, sem sermos influenciados pelas emoções. (MLODINOW, 2022, pp. 12 e 16)

Herbert Simon já afirmava que sua teoria comportamental da racionalidade limitada tinha preocupação com o "foco de atenção" como principal determinante da escolha. Como um vanguardista, Simon não dissociava a emoção do pensamento humano nem subestimava os "poderosos efeitos da emoção" para a resolução de problemas humanos (1989, pp. 42-43).

Estudos atuais e avançados de neuroanatomia funcional são capazes de identificar as exatas estruturas cerebrais que participam das mais diversas estratégias comportamentais e demonstram que "as emoções influenciam a tomada de decisões por meio de sensações internas viscerais e musculoesqueléticas e mudanças fisiológicas que podem reforçar ou não a decisão" (MACHADO; HAERTEL, 2022, p. 243).

Assim sendo, no processo de tomada de decisão, para avaliar os cenários extremamente diversos de futuro, António Damásio nos alerta sobre o fato de que os sentimentos, quer queira ou não, ajudam, "dando destaque a algumas opções, tanto adversas como favoráveis" — "a simbiose entre os chamados processos cognitivos e os processos geralmente designados por 'emocionais' torna-se evidente" (1996, pp. 206 e 207).

2.3. Uma visão pluralista da mente

Damásio não estava sozinho em suas críticas à concepção então vigente e limitante que reduzia inteligência à racionalidade. Anteriormente, na década de 1980, o pesquisador da área da educação Howard Gardner, de forma inovadora para a época, já havia proposto uma abordagem multifacetada "das inteligências", com o intuito de oferecer um quadro mais rico das capacidades e do potencial das pessoas. A intenção de Gardner era proporcionar uma noção mais ampla de inteligência, ligada à verdadeira gama de talentos e aptidões que são importantes para a vida. A "teoria das múltiplas inteligências" de Gardner era uma crítica aberta aos padronizados testes de QI, que colocavam lógica e linguagem em um pedestal e, através de "avaliações do tipo lápis e papel", eram considerados como meio único e imutável de aferição de inteligência (GARDNER, 1995). Sendo um psicólogo cognitivo e educacional, Gardner se preocupava com a estruturação de todo o sistema de ensino, desde a pré-escola até as universidades, naquela época todo baseado na visão racionalista tradicional.

A teoria das múltiplas inteligências baseia-se em uma "visão pluralista da mente, reconhecendo muitas facetas diferentes e separadas da cognição, reconhecendo que as pessoas têm forças cognitivas diferenciadas" (GARDNER, 1995, p. 13). Seguindo critérios pré-definidos (que fogem ao objetivo do presente livro), de modo deliberado, Gardner definiu um conjunto de sete inteligências para sua teoria. Ele reconheceu que a pluralidade sugere que pode haver centenas de dimensões mentais e que, naturalmente, as combinações e recombinações destas dimensões criam um número indefinidamente grande de mentes. Se admitirmos que temos diferentes combinações de inteligências, teremos uma chance melhor de lidar adequadamente com os problemas do mundo.

Assumir o grande espectro de capacidades humanas permite que as pessoas se fortaleçam, sintam-se melhor em relação a si mesmas e mais competentes; permite também que as perspectivas e capacidades dos outros sejam compreendidas, gerando a possibilidade de reunião de esforços para a otimização de uma resposta comum para uma determinada questão (GARDNER, 1995, pp. 194 e 18).

Muito brevemente, mencionam-se a seguir as sete inteligências. A ordem de apresentação não implica qualquer graduação de importância, mesmo porque, para Gardner, todas têm igual direito à prioridade. As pessoas trazidas como exemplos de alto grau de desenvolvimento das inteligências foram deliberadamente escolhidas, a fim de que possamos refletir sobre a combinação das sete inteligências em cada uma delas.

A inteligência linguística, com suas capacidades verbais, é exibida de forma mais completa pelos poetas e escritores — citemos, aleatoriamente, Vinícius de Morais e José Saramago. A inteligência lógico-matemática, como o próprio nome indica, está relacionada à capacidade científica — selecionam-se, como exemplos, as descobertas astronômicas de Nicolau Copérnico e os algoritmos de Mark Zuckerberg. A inteligência espacial é a "capacidade de formar um modelo mental de um mundo espacial e de ser capaz de manobrar e operar utilizando esse modelo" — Oscar Niemeyer, Tarsila do Amaral e Ivo Pitanguy são exemplos de pessoas com inteligência espacial altamente desenvolvida. A inteligência musical tem suas capacidades identificadas em todos nós, mas em Elis Regina e Tom Jobim atingem um ápice. A inteligência corporal-cinestésica é a "capacidade de resolver problemas ou elaborar produtos utilizando o corpo" e para ela selecionam-se os exemplos de Pelé e Daiane dos Santos.

Finalmente, com um impacto fundamental para os assuntos abordados no presente ensaio, são ressaltadas as concepções propostas por Gardner de "duas formas de inteligência pessoal", as quais "funcionam juntas para resolver problemas". A "inteligência interpessoal é a capacidade de compreender outras pessoas: o que as motiva, como elas trabalham, como trabalhar cooperativamente com elas". E a "inteligência intrapessoal" é uma capacidade correlata, voltada para dentro. "É a capacidade de formar um modelo acurado e verídico de si mesmo e de utilizar esse modelo para operar efetivamente na vida" (GARDNER, 1995, p. 15).

Essas duas formas de inteligência pessoal constituem as molas propulsoras das reflexões que serão apresentadas sobre o conflito, sobre a mediação e sobre os processos decisórios. Por esse motivo, propositalmente, resisto à tentação e opto por não apresentar exemplos de pessoas especialmente dotadas de inteligências intrapessoal e interpessoal. As duas capacidades serão exploradas em todos nós, em todas as nossas situações e relações.

Convergindo com as ideias de Damásio já apresentadas, Gardner estava à frente de seu tempo e já afirmava que

> qualquer crença de que todas as respostas para um dado problema estão numa determinada abordagem, tal como o pensamento lógico-matemático, pode ser muito perigosa. As atuais visões de intelecto precisam ser impregnadas com outros pontos de vista mais abrangentes. (1995, p. 18)

Aliás, no que se pode chamar de uma referência à inteligência intrapessoal e interpessoal, Damásio considera "que o comportamento pessoal e social eficaz requer que os indivíduos formem 'teorias' adequadas das suas mentes e das mentes dos outros" (1996, p. 206).

3. INTELIGÊNCIA EMOCIONAL E NEUROCIÊNCIA

Com a perspectiva de integrar diferentes aspectos da inteligência no processo de tomada de decisão, as ideias acima apresentadas mostram-se como um elo para acessarmos o arcabouço teórico sistematizado por Daniel Goleman sobre inteligência emocional.

Com referência expressa à obra de António Damásio, Goleman (2012, p. 53) afirma que "os sentimentos são geralmente *indispensáveis* nas decisões racionais; põem-nos na direção certa, onde a lógica fria pode então ser de melhor uso". O mundo muitas vezes nos põe diante de uma gama difícil de opções e o aprendizado emocional que a vida nos deu nos envia sinais que facilitam a decisão, eliminando, de pronto, algumas opções e privilegiando outras. "Eis por quê, diz o Dr. Damásio, o cérebro emocional está tão envolvido no raciocínio quanto o cérebro pensante". As emoções são tão importantes para a racionalidade, que

> na dança entre sentimento e pensamento, a faculdade emocional guia as nossas decisões a cada momento, trabalhando de mãos dadas com a mente racional e capacitando – ou incapacitando – o próprio pensamento. [...] Num certo sentido, temos dois cérebros, duas mentes – e dois tipos diferentes de inteligência: racional e emocional. [...] Na verdade, o intelecto não pode dar o melhor de si sem a inteligência emocional. (GOLEMAN, 2012, p. 53)

A "teoria revolucionária" de Goleman, subtítulo em português de sua obra seminal, sugere que não ignoremos o poder das emoções nos processos decisórios e coloca em xeque a própria denominação de nossa espécie como *Homo sapiens*, ao asseverar que a concepção de que somos "a espécie pensante é enganosa à luz do que hoje a ciência diz acerca do lugar que as emoções ocupam em nossas vidas" (2012, p. 30). Nesse sentido, a aptidão emocional se mostra como "uma *metacapacidade* que determina até onde podemos usar bem quaisquer outras aptidões que tenhamos, incluindo o intelecto bruto". Pessoas "emocionalmente competentes" são aquelas que "conhecem e lidam bem com os próprios sentimentos, entendem e levam em consideração os sentimentos do outro" (2012, p. 60).

A obra de Goleman também dialoga diretamente com a teoria das múltiplas inteligências, para afirmar que "Gardner observou que o âmago da inteligência interpessoal inclui 'a capacidade de discernir e responder adequadamente ao humor, temperamento, motivação e desejo de outras pessoas'. Na inteligência intrapessoal, chave do autoconhecimento, ele incluiu o 'contato com nossos próprios sentimentos e a capacidade de discriminá-los e usá-los para orientar o comportamento'" (2012, p. 63).

A teoria das múltiplas inteligências nos conduz a pensar em duas inteligências pessoais: uma inteligência interna e intrapessoal que "nos permite compreender a nós mesmos e trabalhar conosco"; e outra inteligência relacional e interpessoal que "nos permite compreender os outros e trabalhar com eles" (GARDNER, 1995, p. 29). De modo idêntico e com importância crucial para o presente ensaio, a teorização da inteligência emocional também nos permite organizar o objeto de estudo com esses dois vetores: o vetor "para dentro", voltado para si; e o vetor relacional, voltado "para o outro": "a autoconsciência e autogestão, empatia e habilidades sociais são os quatro componentes principais da inteligência emocional. A autoconsciência e suas habilidades resultantes de autogestão dependem de voltarmos a atenção para dentro.

A empatia, a base de lidar bem com os relacionamentos, requer atenção forte nos outros" (GOLEMAN, 2015, p. 116).

A inteligência emocional, tal como sistematizada por Goleman tem, portanto, como componentes: autoconsciência, autogestão, empatia e habilidade social. Vejamos cada uma dessas capacidades.

3.1. Autoconsciência

Autoconsciência, primeiro componente da inteligência emocional, "significa uma compreensão profunda das próprias emoções, forças, fraquezas, necessidades e impulsos. As pessoas com autoconsciência forte não são nem críticas demais nem irrealisticamente esperançosas. Pelo contrário, são honestas consigo e com os outros. Pessoas com alto nível de autoconsciência reconhecem como seus sentimentos afetam a elas e às outras pessoas". Essas pessoas compreendem seus próprios valores e metas – "alguém muito autoconsciente sabe para onde está indo e o por quê" (GOLEMAN, 2015, p. 14).

Ter autoconsciência implica estar com "permanente atenção ao que estamos sentindo internamente"; é um estado de "consciência autorreflexiva", no qual "a mente observa e investiga o que está sendo vivenciado, incluindo as emoções". Trata-se de uma atenção "capaz de registrar, com imparcialidade, tudo que passa pela consciência, atuando como testemunha interessada, mas não reativa" – "a autoconsciência pode ser uma atenção não reativa e não julgadora de estados interiores" (GOLEMAN, 2012, pp. 70-71).

Como todas as demais capacidades da inteligência, o autoconhecimento pode ser aprendido e desenvolvido. Buscando estimular esse aprendizado, estudos e técnicas de atenção plena (*mindful-*

ness), destacados por Tamara Russel (2017), referem-se à autoconsciência como a capacidade de observar o fluxo de pensamentos de um modo presente, não reativo e compassivo, sem juízos de valor positivos ou negativos.

Os métodos de desenvolvimento da autoconsciência convergem com antigos recursos ensinados pelo budismo, que desenvolveu um conjunto de técnicas que treinam a mente para perceber a realidade como ela é, sem desejos. "Essas práticas requerem que toda a atenção esteja na pergunta 'O que estou sentindo agora?'" – "espera-se que a pessoa observe com atenção sua mente e seu corpo, testemunhe o incessante brotar e fenecer de todas as suas sensações, e entenda quão inútil é persegui-las" (HARARI, 2020, pp. 243 e 415).

Sem qualquer viés de esoterismo ou religiosidade, as técnicas de atenção plena são mencionadas aqui como um meio de desenvolvimento da autoconsciência, apresentada como um dos componentes da inteligência emocional.

Imagens neurofuncionais obtidas durante treinamentos de meditação comprovam que as capacidades de manutenção da atenção e de concentração são processadas na área pré-frontal do córtex cerebral (na região orbitofrontal), pelos mesmos circuitos envolvidos no processamento secundário das emoções e na supressão de comportamentos socialmente indesejáveis (MACHADO; HAERTEL, 2022, p. 241).

A capacidade autorreflexiva pode ser exercida mesmo em meio a emoções turbulentas e essa sintonia intrapessoal exige um neocórtex ativado também nas áreas de linguagem, para identificar e nomear as emoções despertadas.

> No ponto ótimo, a auto-observação permite exata-

> mente essa consciência equânime de sentimentos arrebatados ou turbulentos. No mínimo, manifesta-se simplesmente como um ligeiro recuo da experiência, um fluxo paralelo de consciência que é "meta": pairando acima ou ao lado da corrente principal, mais consciente do que se passa do que imersa e perdida nele. (GOLEMAN, 2012, p. 71)

Ter clareza sobre os próprios estados emocionais, segundo Mlodinow, "é o primeiro passo para controlar as emoções e usá-las a nosso favor, ou pelo menos não deixar que funcionem contra nós" (2022, p. 156).

3.2. Autocontrole

A autoconsciência das emoções "é a aptidão emocional fundamental", base de toda a competência emocional. Ela está ligada diretamente ao outro componente interno (vetor voltado para si) da inteligência emocional: a autogestão (ou autocontrole). A mecânica neural da autoconsciência "avisa que os circuitos neocorticais estão monitorando ativamente a emoção, primeiro passo para adquirir algum controle" (GOLEMAN, 2012, p. 71).

Os circuitos do córtex, na área pré-frontal dorsolateral, têm um papel extremamente importante no ganho e no exercício de autocontrole, ou seja, "nas chamadas funções executivas que envolvem o planejamento e a execução das estratégias comportamentais mais adequadas à situação física e social do indivíduo, assim como capacidade de alterá-las quando tais situações se modificam". A mesma área neocortical envolve também a "avaliação das consequências dessas ações, planejamento e organização, com inteligência, de ações e soluções de problemas novos" (MACHADO; HAERTEL, 2022, p. 241).

Neste ponto, a linguagem, novamente, tem especial importância, pois, "se você conseguir colocar em palavras o que está sentindo, o sentimento fica sob seu controle. [...] não ter palavras para os sentimentos significa não tomar posse desses sentimentos". Em outras palavras, o autocontrole é a capacidade "que nos liberta de sermos prisioneiros de nossos sentimentos" (GOLEMAN, 2015, pp. 75-76 e 16).

O mero fato de nomearmos para nós mesmos as emoções que sentimos pode acalmar as pulsões emocionais, que, como veremos adiante, são disparadas pela amígdala, um centro neural primário de resposta imediata ao perigo (item 5.2.). Conforme Goleman nos explica (2019, p. 99), nomear e reavaliar as emoções,

> tem uma miríade de implicações para nossos relacionamentos. Em primeiro lugar, afirma nossa capacidade de repensar sobre reações negativas irrefletidas em relação a alguém, analisar com mais cuidado a situação e substituir uma atitude impensada por outra mais adequada a nós – e também ao outro.

A diferença entre uma resposta impulsiva e impensada e uma resposta refletida e autocontrolada pode estar no significado que atribuímos ao evento. Conhecer o contexto e entender a intenção das pessoas envolvidas faz toda a diferença na maneira pela qual reagimos a uma experiência, mesmo que ela seja dolorosa. O exemplo é dado pela psicologia cognitiva: um bebê submetido a uma injeção de vacina, aplicada pelo médico da família, luta e grita para se proteger da dor que lhe é infligida. Um adulto que receba a mesma injeção sofre o mesmo tipo de dor, pode até demonstrar algum grau de ansiedade, mas não responderá com raiva. Na construção mental da jovem criança, ela está sendo exposta a um procedimento inexplicável, dolorido e assustador, executado por um médico cruel; e para piorar o cenário de medo e confusão, seus próprios pais, até então tão benevolentes, se mostram como traidores e facilitam o ataque do impiedoso senhor de jaleco branco. Para o adulto, o significado construído para aquele procedimento doloroso é justificado e aceitável; mais que isso, é um procedimento que o adulto acredita ser benéfico à saúde e, portanto, o mecanismo de luta e fuga é racionalmente desativado – a resposta é autocontrolada. Esse exemplo demonstra que as explicações que criamos para uma experiência são determinantes para o modo como respondemos a ela. Sentiremo-nos zangados se julgarmos que fomos atacados injustamente. A reinterpretação da situação e a reformulação do significado atribuído a ela fazem com que a ofensa se dissipe e o incidente desagradável passa a ser tolerável. A atitude de reformulação e autocontrole nos oferece a oportunidade de escolher respostas não hostis, que consideremos adequadas à situação (BECK, 1999, pp. 42-43).

No estudo da dinâmica do conflito e do ambiente dialógico da mediação que se apresentará na sequência deste trabalho, o autocontrole tem especial importância, pois pessoas que estão no controle de seus sentimentos e impulsos são capazes de construir um espaço de confiança no qual as rivalidades são fortemente reduzidas e a produtividade é alta.

Importante ressaltar que, para o autocontrole, "o novo paradigma nos exorta a harmonizar cabeça e coração", sendo que "o objetivo é o equilíbrio e não a supressão das emoções" (GOLEMAN, 2012, respectivamente, p. 53 e p. 80).

3.3. Empatia

No vetor relacional, voltado para o outro, a inteligência emocional tem a empatia como primeiro componente.

Nos dias atuais, em que a palavra tem sido utilizada com múltiplos sentidos, é importante fazer a ressalva de que "empatia não significa sentimentalismo", "não significa adotar as emoções das outras pessoas como suas próprias e tentar agradar a todos" (GOLEMAN, 2015, p. 20.). Steven Pinker (2013, p. 772) também sugere cautela com uso do vocábulo: "a atual fixação pela empatia foi provocada por uma mistura de vários significados da palavra. A confusão cristalizou-se no meme que emprega como sinônimo de 'simpatia' no sentido de compaixão".

Feitas as ressalvas, podemos definir que ser empático é levar em conta ponderadamente os sentimentos dos outros – junto com outros fatores – no processo de tomar decisões inteligentes. Essa habilidade implica ouvir, sentir e entender os pontos de vista dos outros envolvidos em uma situação. De uma forma breve, a empatia pode ser classificada em: a) empatia cognitiva: capacidade de entender a perspectiva das outras pessoas e os modelos pelos quais elas enxergam o mundo; b) empatia emocional: habilidade para detectar e nomear como os outros se sentem; e c) preocupação empática: competência de sentir o que os outros sentem, importar-se com os outros e agir espontaneamente em direção ao que mais importa para essas pessoas (GOLEMAN, 2015, pp. 20 e 119-120).

A palavra empatia, portanto, tem três sentidos distintos: "*conhecer* os sentimentos do outro; *sentir* o que o outro sente; e *responder compassivamente* ao seu sofrimento. Essas três variedades de empatia parecem descrever uma sequência 1-2-3: presto atenção à pessoa, sinto o que está sentindo e agirei para ajudá-la" (GOLEMAN, 2019, p. 76).

Daniel Goleman (2015, pp. 141-142), de forma extremamente prática, pontua, ademais, que: a) a empatia cognitiva é uma "curiosidade natural sobre a realidade das outras pessoas"; uma "habilidade de ver o mundo pelos olhos dos outros", que gera uma conexão "de mente para mente", dando uma ideia de como funciona o pensamento da outra pessoa; b) a empatia emocional é a capacidade de sentir o que a outra pessoa sente, "numa ligação corpo a corpo instantânea", que requer que captemos "sinais faciais, vocais e um grupo de outros sinais não verbais" de como ela se sente instante após instante; e c) a preocupação empática é a expressão da atenção por outra pessoa, "é uma conexão de coração para coração", que gera a sensação no outro de ser apoiado, criando um clima de confiança e cooperação, sem a necessidade de posturas defensivas de disputa.

As posturas e reações pró-sociais são tão intrinsecamente ligadas à nossa constituição quanto as antissociais. Reagir violentamente, *com unhas e dentes*, certamente foi uma das estratégias evolutivas para garantir a sobrevivência. Por outro lado, a psicologia, a biologia e a antropologia reconhecem que os traços sociais que acomodam a vida em grupo também são importantes características do processo evolutivo, com nossa natural tendência a desenvolver habilidades úteis para a formação de vínculos, que nos permitem, por exemplo, compartilhar alimentos, informações, proteção e cuidados com a prole. É através das reações sociais empáticas que nos sentimos mal quando observamos uma criança com dor, sentimos prazer quando ajudamos alguém e nos sentimos felizes quando temos relacionamentos íntimos agradáveis. Empatia não se reduz a ser gentil e cooperativo, mas essas atitudes ligadas à habilidade de preocupação empática são hoje vistas como tendências inatas, geneticamente programadas, que promovem a adaptação ao grupo social e que são essencialmente importantes para a promoção da sobrevivência pessoal e para o sucesso reprodutivo (BECK, 1999, p. 39).

Assim como as capacidades de autoconsciência e de autocontrole, as habilidades empáticas são processadas no cérebro pelo córtex pré-frontal, por áreas "terciárias", as quais ocupam o topo de complexidade na hierarquia funcional cerebral. A área pré-frontal possui um vasto número de conexões, com quase todo o encéfalo, fato que "lhe permite exercer funções coordenadoras das funções neurais, sendo a principal responsável por nosso comportamento inteligente". Essas áreas terciárias são "supramodais", o que quer dizer que elas não se relacionam direta e isoladamente com modalidades sensoriais. As áreas terciárias recebem e integram informações sensoriais já elaboradas por outras áreas ("secundárias") e são responsáveis pela elaboração das diversas estratégias comportamentais (MACHADO; HAERTEL, 2022, pp. 240-241). Veremos em diversas passagens deste livro que a deliberação (consciente) sobre as estratégias comportamentais, por ser uma atividade mais complexa, possui uma rede de circuitos neuronais mais lenta, se comparada com respostas impulsivas (rápidas e automáticas).

A estrutura do córtex pré-frontal denominada ínsula (ou córtex insular) é uma das principais responsáveis pela elaboração das habilidades de empatia. A ínsula integra informações multimodais e auxilia nas respostas emocionais, comportamentais e sociais adequadas. A função de processamento da ínsula cria a "capacidade de se colocar no lugar do outro, perceber e sensibilizar-se com o estado emocional, gerando uma resposta cognitivo-social e emocional adequada" (MACHADO; HAERTEL, 2022, p. 243).

> Quando o cérebro emocional dirige o corpo com uma forte emoção – o calor da fúria, digamos –, há pouca ou nenhuma empatia. Empatia exige bastante calma e receptividade para que os sutis sinais de sentimento de uma pessoa sejam recebidos e imitados pelo cérebro emocional da outra pessoa. (GOLEMAN, 2012, p. 126)

Esse processamento lento e refletido abrange "a consciência de nossas sensações corporais e emocionais para reconhecê-las nos outros e permitir a ação social adequada" (MACHADO; HAERTEL, 2022, p. 243).

Vale observar que a neurociência atual continua a realizar novas descobertas, particularmente com a modernização dos equipamentos e técnicas de captação de imagem, "que vêm revolucionando o estudo do sistema nervoso" (MACHADO; HAERTEL, 2022, p. XII). A neurociência não possui respostas definitivas quando se trata do mapeamento do comportamento humano. Desse modo, são esperados novos achados que desvendem a origem de nossas capacidades emocionais.

Dentre esses achados mais recentes, destaca-se (também no córtex pré-frontal) o "sistema de neurônios-espelho": "neurônio-espelho é um tipo de neurônio que é ativado não só quando um indivíduo faz um ato motor específico, como estender a mão para pegar um objeto, mas também quando ele vê outro indivíduo fazendo a mesma coisa". Tais neurônios estão na base da aprendizagem motora por observação e imitação. Além do aprendizado de motricidade, nós, humanos, também aprendemos a controlar comportamentos e orientar interações sociais através das habilidades de observação, reconhecimento e compreensão do que os outros estão fazendo: "a observação do comportamento de outros interfere nas ações do observador. A ativação de circuitos motores pela empatia entre o observador e o observado é importante para a aprendizagem de comportamentos adequados e o desenvolvimento das interações sociais" (MACHADO; HAERTEL, 2022, p. 240).

Desse modo, é possível supor que os neurônios-espelho estejam envolvidos no desenvolvimento das capacidades de empatia e, talvez, nas habilidades das pessoas para entrarem em sintonia, numa coordenação que, mais adiante, será referida como "contágio social" (item 5.6.a.). De modo a reforçar essa hipótese da importância dos neurônios-espelho no aprendizado da empatia, constata-se que há estudos que concluem que "a disfunção no sistema de neurônios-espelho parece estar envolvida em alguns sintomas do transtorno de espectro autista" (MACHADO; HAERTEL, 2022, p. 240), comumente associados a dificuldades tanto de identificar quanto de expressar emoções.

A empatia, como este vetor da inteligência emocional vetorizado *para o outro*, tem uma importância tão elementar para nossas interações sociais que Goleman aprofundou seus estudos com foco no que ocorre "durante as nossas interações". A empatia emocional desponta com destaque para ser chamada de "empatia primordial", um dos componentes da inteligência social representado pela "imediata capacidade de sentir as emoções alheias". Nessa abordagem, a empatia cognitiva ("conexão de mente para mente") passa a ser denominada de "precisão empática", que "é calcada na empatia primordial, mas acrescenta a compreensão explícita do que a outra pessoa sente e pensa" (2019, pp. 107-108, 112). Para Goleman, a ligação emocional "corpo a corpo" se dá de uma maneira tão instantânea que, embora possamos parar de falar, os gestos, postura e expressões faciais, por mais fugazes que sejam, não param de comunicar o que sentimos, a ponto de se afirmar que "quando se trata de emoções, não somos capazes de não nos comunicar". A conexão empática primordial ocorre de modo tão imediato, porque as áreas do córtex pré-frontal capazes de ativá-la estão diretamente conectadas à amígdala (centro de reações emocionais): "essa estreita conexão sugere uma ligação rápida e poderosa, um acoplamento que facilita a coordenação instantânea de pensamento, sentimento e ação" (2019, pp. 108 e 83).

Além dos componentes da inteligência emocional vetorizados *para si* e vetorizados *para o outro*, a empatia nos permite pensar também em uma terceira orientação: o *vetor externo*, que seria uma "consciência externa capaz de interpretar a corrente significativa dentro de uma organização e examinar eventos e forças que a impactam", bem como permite "detectar a operação de sistemas maiores que moldam o destino de uma organização", quer seja uma família, uma empresa ou uma comunidade. Poderíamos chamar esta capacidade de empatia organizacional ou de consciência sistêmica, que abrangeria a habilidade para perceber e entender múltiplos fatores *externos* influenciadores do processo de tomada de decisão (GOLEMAN, 2015, pp. 116 e 135).

3.4. Habilidade social

A habilidade social ou habilidade de gestão de relacionamentos é o último componente da inteligência emocional, em seu vetor para o outro. Esta habilidade não é uma mera questão de cordialidade, é a cordialidade com propósito: conduzir as pessoas na direção que se deseja, criando motivação para achar soluções, inspirando-as e oferecendo um senso de propósito comum (GOLEMAN, 2015, p. 22). Está envolvida, aqui, a capacidade de criar e manter uma rede de trabalho que compartilhe não apenas uma comunicação clara e conhecimentos específicos, mas que também compartilhe um ambiente de confiança, com "coordenação eficaz de esforços no trabalho em equipe" e liderança na formação de consenso.

Como se verá adiante (item 5.6.a.), o componente da habilidade social coaduna-se com o ambiente da mediação e estaria ligado a um atributo de inteligência emocional do próprio mediador, com sua capacidade de motivar e influenciar a construção consensual de soluções pelas próprias pessoas envolvidas, com a compreensão da relação de interdependência entre elas, favorecendo o trabalho de cooperação e criando um clima de harmonia genuíno, que permite aos envolvidos "aproveitar ao máximo as suas capacidades mais criativas e talentosas" (GOLEMAN, 2012, p. 181).

4. INTERLÚDIO

Como veremos adiante (item 5.5.b), o mediador utiliza o resumo como método de intervenção que tem o efeito esperado de gerar uma visão ampla dos caminhos percorridos pelos participantes da mediação, para que não percam o norte da conversa. Minha intenção neste ponto é encadear as ideias já percorridas, para que possamos iniciar os próximos passos do ensaio.

Uma condensação temática nos mostra que, até aqui, analisamos: a importância das emoções e sua relação com a mente racional no processo de tomada de decisões; os componentes da inteligência emocional (com base nas ideias de Damásio, Gardner e Goleman); a natural condição humana de racionalidade limitada (Simon); bem como uma possível definição de inteligência (de Herculano-Houzel).

Retoma-se a afirmação de que, para decidirmos de forma inteligente, há a necessidade de concentrarmos a atenção no processo decisório para superarmos as limitações da racionalidade. Além disso, decidir inteligentemente exige desenvolvimento de todos os ingredientes de inteligência emocional, os quais são essenciais para a pessoa otimizar a ação do intelecto, proporcionando uma atuação (consciente) com maior conhecimento da situação que requer uma decisão, das diferentes opções de ação e das consequências de cada uma dessas opções.

Decidir de maneira inteligente também requer uma (inter)ação conscientemente equilibrada de razão e de emoção. Nesse processo, o desenvolvimento da inteligência emocional propicia uma visão mais ampla sobre o cenário que demanda uma decisão, incluindo aspectos internos, aspectos das outras pessoas envolvidas e aspectos do sistema no qual todos estão inseridos.

Dessa forma, a inteligência emocional facilita o reconhecimento da complexidade dos elementos em jogo e favorece o ganho de flexibilidade nos processos decisórios, contribuindo para a tomada de decisões que maximizam opções livres de escolha.

Todos os conceitos e teorias apresentados até agora são fundamentais para que compreendamos como as pessoas atravessam a crise de um conflito (como elas se sentem – em relação a si e em relação ao outro – nesse estágio de transformações) e como a mediação pode ajudá-las a tomar decisões inteligentes e vantajosas.

Os passos seguintes deste estudo estarão voltados à demonstração de que a mediação se constitui como um ambiente propício ao desenvolvimento da inteligência emocional, em todos os seus componentes, e que, portanto, contribui para a tomada de decisões inteligentes.

PARTE DOIS

A MEDIAÇÃO TRANSFORMATIVA E OS APORTES DA INTELIGÊNCIA EMOCIONAL E DA NEUROCIÊNCIA

5. A MEDIAÇÃO TRANSFORMATIVA

De maneira introdutória, a mediação poderia ser conceituada como um processo dialógico, definido pela Lei nº 13.140/2015 nos seguintes termos: "atividade técnica exercida por terceiro imparcial sem poder decisório, que, escolhido ou aceito pelas partes, as auxilia e estimula a identificar ou desenvolver soluções consensuais para a controvérsia".

A definição legal nos serve como um panorama. Veremos no transcorrer do livro que a riqueza relacional potencializada pela mediação alça-a a horizontes muito mais amplos.

A mediação no Brasil tem sido estudada e praticada seguindo linhas de pensamento, que costumeiramente são chamadas de estilos, modelos ou escolas de mediação.

O presente estudo estará focado em dois desses modelos, o transformativo e o facilitativo, considerados por parte da doutrina especializada como "os mais conhecidos e empregados no Brasil" (ISOLDI, 2016, p. 231).

O primeiro modelo a ser apresentado será o transformativo; o transcurso da apresentação será enriquecido com aportes da teoria da inteligência emocional, da neurociência e de outras teorias comportamentais.

Na sequência do texto, o método facilitativo será analisado sob a perspectiva tanto transformativa quanto da inteligência emocional.

O ensaio pretende demonstrar que ambos os modelos constituem ambientes potencializadores da inteligência emocional, com o aprimoramento das capacidades intrapessoal e interpessoal, conduzindo para o desenvolvimento de soluções consensuais inteligentes.

A bibliografia que serve de fonte para a apresentação da Mediação Transformativa é o livro *The promise of mediation – new and revised edition*, de Robert A. Baruch Bush e Joseph P. Folger.[1]

5.1. O conflito para a Mediação Transformativa

O conflito, para a Mediação Transformativa, é uma crise de deterioração na interação humana, que aliena os indivíduos de sua própria força e que os afasta da conexão com os outros.

O mais significativo para as pessoas em conflito não é a frustração da satisfação de um interesse ou direito. O que mais importa para elas (e o que mais as incomoda) é que o conflito as leva e as impele a se comportar *em relação a si e ao outro* de maneira desconfortável e repulsiva.

Ou seja, a interação conflituosa retira das pessoas o senso de força em si e o senso de conexão com os outros. O conflito mina a interação entre seres humanos.

---

1. Este capítulo 5, em seus subitens ímpares (5.1., 5.3., 5.5.), é baseado nas ideias dessa obra, razão pela qual não há citações a essa fonte, com raras exceções, como nas duas figuras que ilustram o texto. Há, em pontos específicos, complementações que tomam como base a edição "antiga" ou "primeira edição" do mesmo livro, publicada originalmente em inglês em 1994, sem tradução para o português, e consultada na edição argentina: *La promesa de mediación – cómo afrontar el conflicto a través del fortalecimiento propio y el reconocimiento de los otros*. Os autores do modelo transformativo, após cerca de uma década de prática em mediação, na edição revisada de 2005, reformularam muitas das ideias originalmente cunhadas em 1994. No presente estudo, ter-se-á o cuidado de sinalizar, claramente, as oportunidades nas quais a fonte corresponde à edição "antiga" da obra. Observa-se que o livro-fonte principal não possui versão traduzida para o português e a tradução foi realizada por mim, buscando o máximo de fidelidade às ideias originais. Crê-se que a única adaptação realizada no texto original diz respeito ao termo utilizado para se fazer referência aos participantes da mediação. Em língua inglesa, há o uso das expressões "parte" e "partes" (*party/parties*). Este livro privilegia expressões como: mediandos, pessoas, envolvidos. Com isso, pretende-se afastar a ideia de um ambiente de polarização e de adversatividade entre os participantes, favorecendo uma interpretação natural de que eles são interdependentes e trabalham em colaboração na mediação.

Em mediação, as pessoas querem ajuda para superar e reverter essa crise de interação.

A interação interpessoal conflituosa ocorre de maneira negativa, destrutiva, alienadora e demonizadora. Essa interação provoca comportamentos fracos e autocentrados, que incomodam e envergonham a própria pessoa.

No conflito, as pessoas encaram o pior de si nas experiências de fraqueza e desconexão.

O conflito é um estado dinâmico que gera efeitos *em relação a si mesmo* e *em relação ao outro*.

- Quanto *a si mesmo*, a crise na interação gera fraqueza: a pessoa sente-se frágil, incapaz, insegura, confusa, sem controle da situação, medrosa, desorganizada, incerta e vitimizada.

- *Em relação ao outro*, a crise gera autocentramento: a pessoa preocupa-se só consigo mesma, é reativa e escuta com a intenção de rebater, é autoprotetiva, defensiva, suspeita do outro; fica agressiva, raivosa, hostil, desconfiada e fechada, impermeável à perspectiva do outro.

A fraqueza e o autocentramento, na dinâmica do conflito, geram um ciclo vicioso que se retroalimenta: quanto mais fraco, mais autocentrado; quanto mais frágil, mais reativo; quanto mais reativo, mais inseguro; quanto mais inseguro, mais hostil; quanto mais hostil, mais desorganizado; e assim por diante, em uma espiral de degeneração da relação, que é representada graficamente pelos autores do modelo transformativo, conforme a figura da próxima página.

Figura 1. A espiral negativa do conflito

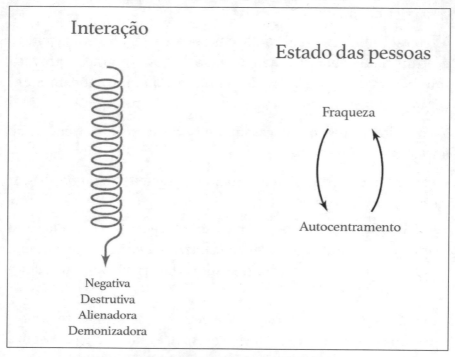

Fonte: adaptada de BUSH; FOLGER, 2005, p. 50.

5.2. O conflito para a Mediação Transformativa e os aportes da inteligência emocional e da neurociência

Percebe-se, já na apresentação inicial que descreve o conflito sob a ótica da Mediação Transformativa, que ele é definido exatamente com base nos mesmos dois vetores primordiais que explicam os componentes da inteligência emocional: o vetor interno, voltado para si, gerador do estado de fraqueza; e o vetor relacional, voltado para o outro, que gera o estado de autocentramento.

Na crise que caracteriza o conflito, os dois vetores apontam na direção da degeneração intrapessoal e interpessoal, ou seja, apontam para a "des-inteligência".

Um "estilo típico" das pessoas "mergulhadas" na crise conflituosa é caracterizado por "pessoas muitas vezes imersas em suas emoções e incapazes de fugir delas, como se aquele humor houvesse assumido o controle de suas vidas". São instáveis e não têm consciência dos próprios sentimentos, de modo que se perdem neles, ficando sem perspectivas. Muitas vezes se sentem esmagadas e emocionalmente descontroladas (GOLEMAN, 2012, p. 72).

O estado de imersão e autocentramento, além de gerar instabilidade e confusão para si, também bloqueia a possibilidade de reconhecimento do outro.

Nesse sentido, para Daniel Goleman (2019, p. 71), "a introspecção, em todas as suas formas, impossibilita a empatia e principalmente a compaixão".

Não se pode ignorar que vivenciar e estar imerso em uma situação conflituosa implica estar em estado de alerta ou perigo, que "pode ser sinalizado não apenas por uma ameaça física direta, mas também, como é mais frequente, por uma ameaça simbólica à autoestima ou à dignidade: tratamento injusto ou grosseiro, insulto ou humilhação, frustração na busca de um objetivo importante" (GOLEMAN, 2012, p. 84).

Independentemente de se tratar de uma ameaça física ou de uma ameaça simbólica, o estado de alerta contra perigos é comandado em nosso cérebro por uma estrutura denominada amígdala, que "é o componente mais importante do sistema límbico" — um sistema que possui dois subconjuntos de estruturas, dentre as quais se destacam em importância o hipocampo e a amígdala, do ponto de vista funcional ligados, respectivamente, à memória e às emoções, como lecionam os médicos neurologistas Machado e Haertel (2022, p. 250).

Os mesmos autores explicam que, apesar de seu tamanho relativamente pequeno (2 cm), as funções primárias e primitivas da amígdala são tão importantes para a sobrevivência da espécie humana que ela "é a estrutura subcortical com maior número de projeções do sistema nervoso". Recebe informações de pelo menos quatorze áreas primárias, secundárias e supramodais do sistema nervoso e envia os sinais de alarme através de cerca de vinte conexões, para as mais diversas regiões do sistema nervoso, desde os "núcleos do tronco encefálico envolvidos em funções viscerais", até projeções para regiões corticais, com influência em áreas do córtex pré-frontal (2022, pp. 250-251).

A principal função da amígdala é o processamento do medo e da raiva, uma reação de alarme que ativa a denominada síndrome de emergência: uma rede de segurança permanentemente ligada e sempre atenta para sondar situações real ou potencialmente ameaçadoras, preparando nosso organismo para fugir ou para enfrentar o perigo.

Como é um sistema evolucionariamente ligado à nossa sobrevivência, a amígdala tem uma circuitaria especial e rápida: um "atalho" que estabelece uma via direta, a qual possibilita uma reação de alarme imediata, com manifestações autonômicas e comportamentais típicas: liberação de adrenalina, aumento da frequência cardíaca, pupilas dilatadas (para visualização mais precisa do perigo), concentração de fluxo sanguíneo nos membros e contração muscular imediata para fugir (*pernas pra que te quero*") ou para lutar (imagine-se pensando genuinamente a frase: "*maldito!, que raiva que isso me dá*" e preste atenção em seus punhos cerrados; note que até seus dentes rangem com os maxilares contraídos).

Tudo isso ocorre automática e inconscientemente: "a via direta é mais rápida e permite resposta imediata ao perigo" (MACHADO; HAERTEL, 2022, p. 252).

> A rapidez com que as emoções se apossam de nós – antes mesmo que nos demos conta de que já se instalaram em nós – [é vista] como uma adaptabilidade emocional essencial: mobiliza-nos para agir nas emergências, sem perda de tempo ponderando se ou quando reagir. (GOLEMAN, 2012, p. 306)

Desde as savanas antigas, se nos deparamos com uma cobra, imediatamente reagimos com a paralisação ou com um salto. Nos centros urbanos contemporâneos, se presenciamos um assalto à mão armada, o coração dispara imediatamente. Aliás, nesse "papel orientador" exercido naturalmente pelas emoções, sequer precisamos presenciar o assalto para reagir no modo de alarme. L. Mlodinow nos fornece um exemplo vívido dessa dinâmica:

> ao andar por uma rua escura e deserta à noite, você acha que divisa, por cima do ombro, um movimento indistinto e difuso. Será um assaltante o seguindo? Sua mente alterna para um processamento no "modo de medo". De repente você ouve com muito mais clareza um farfalhar ou rangido que normalmente não teria percebido ou não teria registrado. Seu planejamento se desloca para o presente, alterando objetivos e prioridades. Aquela sensação de fome desaparece; a dor de cabeça passa; aquele programa a que você tanto queria assistir mais tarde de repente perde a importância. (2022, p. 116)

Na situação descrita, uma vez ativado o estado funcional de emergência, o medo domina suas reações e cálculos mentais; ele automaticamente sequestra sua mente e, "conforme você interpreta os *inputs* sensoriais, atribui probabilidades mais altas que o normal para as possibilidades alarmantes" (MLODINOW, 2022, p. 116).

Diferentemente das respostas límbicas, as funções que exigem a participação das estruturas do córtex, quer sejam elas funções racionais ou de inteligência emocional, são processadas de forma indireta e, portanto, mais lenta. Nessa via indireta, no formato de um circuito paralelo extenso ou uma "estrada principal" mais longa, as informações elaboradas por outras áreas passam ao córtex e depois rumam para amígdala. "A via indireta é mais lenta, mas permite que o córtex pré-frontal analise as informações recebidas e o seu contexto". Se não houver perigo real ou houver a possibilidade de elaborar uma saída cognitiva socialmente mais adequada, "a reação de alarme é desativada" (MACHADO; HAERTEL, 2022, p. 252).

Aqui, chegamos a um ponto fulcral do presente estudo, que merece destaque: as capacidades da inteligência emocional são processadas por um sistema indireto, mais longo e lento, pelas estradas principais do córtex pré-frontal. As reações de raiva e medo utilizam um sistema direto, mais curto e rápido, pelo atalho da amígdala.

Ambos os sistemas são cadeias de circuitos interconectados, "todas as conexões são de mão dupla" (PINKER, 2013, p. 674) e há um "alto grau de comunicação entre as camadas" (MLODINOW, 2022, p. 44).

> As mesmas regiões do córtex onde se concentram os neurônios específicos da emoção são também as de mais densa ligação com a amígdala; a interpretação das emoções envolve circuitos amígdala-córtex, que têm um papel-chave na organização de respostas adequadas". (GOLEMAN, 2012, p. 125)

Em nosso dia a dia, os dois sistemas nos ajudam a tomar decisões a todo momento: gatilhos específicos produzem respostas emocionais personalizadas e rápidas do sistema direto; as estruturas interconectadas do cérebro têm a capacidade de ponderar essa emoção junto com outros fatores e calcular (mesmo que de modo mais lento) uma resposta, o que

> permite uma flexibilidade muito maior: você pode considerar uma variedade de respostas (inclusive simplesmente não fazer nada) e, assim, tomar uma decisão ponderada. [...] Em situações complexas, é essa combinação de emoção e racionalidade que fornece o caminho mais eficiente para se chegar a uma resposta funcional. (MLODINOW, 2022, p. 60)

Feita essa essencial digressão neurocientífica sobre os sistemas de processamento de nossos comportamentos, voltemos a pensar na dinâmica do conflito. Vivenciar um conflito é uma situação que ativa as origens límbicas do sentimento de raiva. A amígdala gera um estado de "prontidão para a ação", mantido por longos prazos (horas e até mesmo dias), no qual o cérebro emocional permanece engatilhado para reagir de forma rápida e com baixo limite de tolerância a novos estímulos ou provocações. E quando o corpo já se acha em estado de irritação e "algum evento detona um sequestro emocional, a emoção posterior, de ira ou ansiedade, é de intensidade especialmente grande". A dinâmica neural ocorre com "minigatilhos de surtos amigdalíticos", cada um alimentando-se do impulso hormonal anterior" (GOLEMAN, 2012, pp. 84-85). Nesse estado de degeneração das capacidades de inteligência intrapessoal e interpessoal, "pequenas bobagens tornam-se grandes batalhas": a raiva, não tolhida pela razão, facilmente explode em violência, em um ponto no qual "as pessoas não perdoam e ficam longe do alcance da razão. Seus pensamentos se fixam em vingança e represália, indiferentes às consequências" (GOLEMAN, 2012, pp. 159 e 85).

Goleman (2012, p. 306) pondera ainda que, se ficamos tomados pelas emoções durante muito tempo, apesar de já decorrido o fato que as desencadeou e independentemente do que mais se passa à nossa volta, os sentimentos delas decorrentes são péssimos guias para a ação.

É interessante notar que pessoas seguras e fortalecidas, normalmente, não atacam umas às outras. As pessoas que agem comandadas pelo "modo de ataque" buscam punir e pressionar o outro para que ele atenda a seus desejos. O poder da raiva impele pessoas feridas, frustradas e fragilizadas a serem hostis e violentas, na expectativa de impor um novo comportamento ao outro. As pessoas fragilizadas na interrelação revidam, mesmo que a retaliação se mostre autodestrutiva no longo prazo. A dor do conflito é experienciada de uma maneira tão intensa que o impulso primitivo busca atacar e remover sua fonte (BECK, 1999, pp. 90-92).

Pessoas que deixam de reconhecer a complexidade dos outros e passam a trabalhar com noções absolutas ou fundamentalistas de "eu sou bom" *versus* "ele é mau" também são capturadas por modos primitivos de interação direcionados à luta. Esse estado de autocentramento límbico impede a elaboração da empatia e predispõe a respostas exageradas aos estímulos considerados como ameaça. A maré de hostilidade é tão abrupta que, muitas vezes, após um intervalo para elaborar novas perspectivas, o agressor sente-se genuinamente arrependido e conscientiza-se de que havia interpretado o outro de um modo abissalmente equivocado (BECK, 1999, pp. 17-23).

Fato é que as pessoas em conflito percebem e reagem a uma ameaça que emana de uma imagem criada (uma imaginação, um constructo mental). Elas sequer cogitam a possibilidade de realizar uma avaliação realista da pessoa que ocupa a posição de adversária. No conflito, os opositores confundem a imagem criada com a própria identidade da outra pessoa. O quadro mais negativo contém uma imagem plana e unidimensional do outro, visto unicamente como perigoso, malicioso e perverso (BECK, 1999, p. 8). A interação passa a ser exclusivamente negativa, alienadora e demonizadora.

Esse estado de rivalidade crônica mina qualquer possibilidade de construção de um plano de ação construtivo; a comunicação razoável desaparece e o comportamento civilizado se esvai. O enquadramento negativo que as pessoas fazem de si e do outro permite apenas dicotomias destrutivas de vítima *versus* vilão. No pico do confronto hostil, os indivíduos veem um ao outro como combatentes prontos para atacar — a imagem fixa é a de que o outro é um monstro (BECK, 1999, pp. 7 e 11).

O conflito coloca as pessoas em um estado ao mesmo tempo de prontidão (e alerta) e de impotência, sentindo-se encurraladas e sem esperança. Quase obsessivamente, as pessoas só conseguem enxergar um inimigo. Vale a metáfora da guerra: a pessoa em uma situação de conflito intenso é um soldado que assume estar sob a mira do rifle telescópico de um inimigo. Nesse estado, experimenta-se o ódio como estratégia de sobrevivência primitiva. Essa sensação poderosa faz com que o soldado fixe sua atenção na busca de vulnerabilidades do oponente. Todos os recursos são mobilizados para as respostas de ataque e defesa. A fórmula matar ou ser morto define o problema em termos absolutos, simplificados e inequívocos.

Durante essa sequência de ações destrutivas, a distorção e a cegueira cognitivas incitam mais raiva e induzem novos comportamentos hostis. O contra-ataque pode até neutralizar o dano, melhorar a autoestima da pessoa, aliviar temporariamente a dor ou equalizar o equilíbrio de poder, mas não necessariamente transformará o conflito interpessoal — a manutenção do estado de vulnerabilidade, fraqueza e desvalorização poderá culminar em novas rodadas de interações hostis (BECK, 1999, pp. 12, 15, 52-53).

Tudo isso justifica a descrição da dinâmica do conflito pelo modelo transformativo de mediação, com a geração do ciclo vicioso que se retroalimenta em uma espiral de degeneração da relação: nessa trajetória do conflito, "as trágicas consequências dos déficits de aptidão emocional ficam evidentes". Quando o relacionamento fica "preso no reverberante ciclo de crítica e desprezo, defensividade e mutismo, pensamentos angustiantes e inundação emocional, o próprio ciclo reflete a desintegração da autoconsciência e do autocontrole emocional, da empatia", assim como da capacidade de considerar o contexto e de coordenar esforços em prol de uma solução consensual inteligente (GOLEMAN, 2012, p. 159).

Durante a crise conflituosa, na dança entre sentimento e pensamento, a faculdade emocional trabalha junto com mente racional, incapacitando o próprio pensamento, no ritmo que Goleman denominou de "tango límbico". Nesse ritmo, "quanto mais intenso o sentimento, mais dominante é a mente emocional – e mais inoperante a racional" (2012, respectivamente p. 160 e p. 35).

Se sinais límbicos fortes e imediatos de emoção, como a raiva e a ansiedade, sabotam as atividades racionais complexas e mais lentas do neocórtex, quando esses sistemas neuronais interagem bem (como veremos adiante nas *mudanças* que ocorrem em mediação), a crise é revertida: "a inteligência emocional aumenta – e também a capacidade intelectual" (GOLEMAN, 2012, pp. 52-53).

Como consequência lógica das ideias apresentadas, vê-se que, para superar a crise do conflito de forma inteligente, é fundamental a recuperação do equilíbrio entre emoção e razão, de modo a permitir um processo de tomada de decisão que corretamente analise a situação, as opções e as consequências. Qualquer forma de gestão do conflito que desconsidere os vetores da inteligência emocional, gerará uma decisão tão firme quanto um castelo de cartas de baralho: "uma visão da natureza humana que ignore o poder das emoções é lamentavelmente míope" (GOLEMAN, 2012, p. 30).

Vejamos, pois, na sequência, como a mediação propõe que o conflito seja transformado.

5.3. A promessa da Mediação Transformativa

A promessa da Mediação Transformativa é ser capaz de transformar a qualidade da interação do conflito. O primordial para o mediador é ajudar os mediandos a transformarem a interação do conflito de destrutiva, negativa e demonizadora em construtiva, positiva e humanizadora, revertendo a espiral degenerativa do conflito e brecando o ciclo vicioso de enfraquecimento e autocentramento. O modelo se define como um processo no qual um terceiro trabalha com os mediandos em conflito, para ajudá-los a mudar a qualidade da sua interação de negativa e destrutiva para positiva e construtiva, enquanto eles exploram e discutem questões e possibilidades de resolução.

Seres humanos são suscetíveis à fraqueza e ao autocentramento quando encaram um desafio. O mediador transformativo vê com naturalidade essa suscetibilidade.

A interação negativa e destrutiva gera aflição, incômodo e angústia (mesmo se as necessidades individuais forem satisfeitas). Há um desejo humano de mudar a qualidade da interação e essa é a principal motivação que leva as pessoas a lidarem com o conflito.

O fato de o conflito ser um estado dinâmico permite que as pessoas se movam e mudem de maneiras notáveis, mesmo quando não há um mediador envolvido. O potencial transformativo tem origem na capacidade da mediação de gerar duas mudanças: uma mudança no modo de a pessoa se perceber, que corresponde ao seu fortalecimento; outra mudança, no modo de perceber o outro, denominada reconhecimento.[2]

A mudança para o fortalecimento é observada quando a pessoa recupera: a capacidade individual de deliberação e de tomar suas próprias decisões, o autorrespeito e a confiança em si mesmo. Mudar da fraqueza para o fortalecimento é tornar-se mais calmo, mais esclarecido, mais confiante, mais articulado e mais decidido. Fortalecer-se é adquirir consciência dos recursos que possui para alcançar suas metas e seus objetivos e experimentar um sentido mais intenso de valorização pessoal, de segurança, de autodeterminação e autonomia, exercendo mais controle sobre sua própria situação (BUSH; FOLGER, 2008 – edição antiga –, pp. 137-138).

O fortalecimento é uma conquista individual, que não pode ser induzida ou direcionada pelo mediador. Guiar os mediandos, sugerir soluções ou resolver algum problema *para* os mediandos não produz fortalecimento – ao contrário, enfraquece-os, inabilita-os.

A mudança para o reconhecimento é definida como a reconquista, pela própria pessoa: da capacidade inerente de entender os problemas dos outros; da empatia e da compreensão da perspectiva do outro. A pessoa atinge o reconhecimento "quando escolhe voluntariamente abrir-se mais, mostrar-se mais atenta e empática, e mais sensível à situação do outro" (BUSH; FOLGER, 2008 – edição "antiga" –, p. 140). Mudar do autocentramento para o reconhecimento do outro é tornar-se mais atencioso, aberto, crédulo e compreensivo com a outra pessoa.

---

2. Nota sobre a tradução: tanto fortalecimento quanto reconhecimento são mais bem compreendidos se considerados como adjetivos diretamente ligados à palavra *mudança* – no texto original em língua inglesa: *empowerment shift* e *recognition shift* (BUSH; FOLGER, 2005, p. 75).

O reconhecimento da situação do outro ocorre "não apenas como estratégia para facilitar sua própria situação, mas como um impulso de sincera consideração pela dificuldade humana em que se encontra o outro". Passar a reconhecer o outro é estar seguro para "parar de pensar exclusivamente em sua própria situação e concentrar-se até certo ponto no que está vivendo a outra pessoa". Importa enfatizar que o "reconhecimento de nenhum modo é reconhecimento a menos que se outorgue livremente. O reconhecimento forçado é uma contradição intrínseca" (BUSH; FOLGER, 2008 – edição antiga –, pp. 141 e 146).

Fortalecimento e reconhecimento são mudanças que os mediandos, e os mediandos apenas (por si mesmos), podem fazer. O mediador não pode fazer com que as pessoas mudem para superar a fraqueza ou o autocentramento. O mediador que tenta conseguir as mudanças para os mediandos (e por eles) remove o controle da interação das mãos dos reais protagonistas.

> O terceiro não está lá para *insistir* na transformação, mas para *assistir* na identificação de oportunidades para capacitação e reconhecimento e para ajudar as partes a reagirem a essas oportunidades *da maneira que o desejarem*. (BUSH; FOLGER, 1999, p. 98 – destaques conforme o original)

Os mediandos ganham força e abertura ao tomar decisões por si e para si mesmos, do seu próprio jeito e no seu próprio ritmo. O mediador age para dar suporte e não para suplantar as mudanças e as tomadas de decisão.

As mudanças apoiadas pelo mediador, mesmo que aparentemente pequenas, são cruciais para cada um dos mediandos, em seus respectivos movimentos da fraqueza para o fortalecimento e do autocentramento para o reconhecimento do outro. Para seguir em frente com suas vidas, quer sejam juntas ou separadas, as pessoas precisam superar a interação negativa e transformá-la (para o melhor grau possível) em positiva ou ao menos neutra. Fato é que, ocorridas as mudanças, indivíduos fortalecidos e interconectados não machucarão a si mesmo e aos outros.

A matéria-prima para a transformação é a própria humanidade das pessoas — suas essenciais e inerentes qualidades de seres humanos: *qualidades internas* de força, competência, autonomia, decência, bem como *qualidades relacionais* de compaixão, conexão, sensibilidade ao outro e compreensão. Tudo isso somado ao fundamento da teoria transformativa de que as pessoas têm tanto o desejo natural quanto a capacidade para realizar as transformações por elas mesmas.

As mudanças para o fortalecimento usualmente ocorrem primeiro. É improvável que uma pessoa se estenda para a outra enquanto se sente vulnerável e instável. A (re)conquista de algum grau de força (entendida como a capacidade de tomar decisões) frequentemente é seguida por rápidas mudanças para o reconhecimento da perspectiva dos outros envolvidos.

Ganhos de força em si conduzem a estar atento ao outro. Uma troca interacional começa com uma pessoa se acalmando, ganhando clareza e, com isso, ganhando força; com a força renovada, a pessoa começa a se abrir para ver o outro por uma diferente perspectiva. Esse padrão é bastante comum na dinâmica que se desenvolve na Mediação Transformativa.

Estabelece-se, assim, um ciclo virtuoso de transformações: o movimento de fortalecimento gera espaço para que uma pessoa dê reconhecimento para a outra (aumentando a compreensão e a abertura para o outro, em qualquer grau); a abertura requer e também cria a sensação de força; quanto mais forte (calma, esclarecida, confiante, organizada) uma pessoa fica, mais aberta se torna (mais atenta ao outro, mais interessada na perspectiva do outro, mais preocupada com a situação do outro); ao demonstrar abertura, o outro se torna mais forte; e, se o outro está mais forte, se torna também mais aberto. Este ciclo virtuoso de transformações é denominado de espiral regenerativa do conflito, também representada graficamente pelos autores do modelo:

Figura 2. A espiral regenerativa do conflito

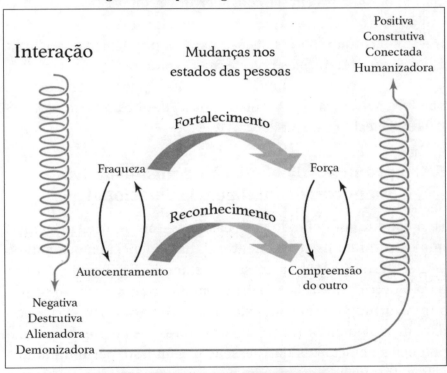

Fonte: adaptada de BUSH; FOLGER, 2005, p. 55.

Considerando o ciclo de regeneração da relação, o sucesso de uma Mediação Transformativa poderia ser mensurado pela ocorrência das mudanças no modo de experienciar a si e ao outro – ou seja, por um *fator delta* do acontecimento das transformações da qualidade da interação.

Ao ajudar nas mudanças, o modelo transformativo não ignora a importância de resolver assuntos específicos. O modelo confia que os mediandos, ao fazerem as mudanças positivas de interação, encontrarão, por eles mesmos, termos aceitáveis de resolução.

A lógica transformativa é a de que, se as pessoas interagem com clareza e confiança em si e com abertura e compreensão em direção ao outro, é muito provável que tenham sucesso para encontrar e concordar sobre soluções para os problemas específicos. E, mais importante: elas reverterão a espiral negativa do conflito e terão começado a restabelecer um modo positivo de interação que lhes permitirá seguir adiante, baseadas nesse novo parâmetro estabelecido para a relação.

5.4. A promessa da Mediação Transformativa e os aportes da inteligência emocional

Se o conflito foi definido com base nos dois vetores principais que estruturam os componentes da inteligência emocional – o vetor interno (voltado para si, no estado de fraqueza) e o vetor para o outro (interrelacional, no estado de autocentramento) –, a transformação proposta pela mediação para gerir a crise cuidará de movimentar (reverter) os vetores, recuperando as competências emocionais das pessoas e, com isso, permitindo que elas naturalmente construam as soluções para seus problemas específicos.

O movimento de transformação "reposicionará" a inteligência emocional e recolocará emoção e razão a serviço das pessoas, sem que ocorra uma sabotagem intrapessoal ou interpessoal. Esse é o cerne da transformação: interromper reações impulsivas e recuperar as capacidades de inteligências intrapessoal e interpessoal, tal como conceituadas por H. Gardner.

A dinâmica pretendida pela mediação coaduna-se expressamente com as teorias apresentadas por A. Damásio e D. Goleman, pois propõe que os sentimentos, os quais são "indispensáveis nas decisões racionais", sejam colocados "na direção certa", onde a lógica terá seu melhor uso (GOLEMAN, 2012, p. 53).

Em busca dessa *direção certa*, o mediador ajudará os envolvidos a dialogar com os olhares especialmente focados *para si mesmo* e *para o outro*. Com esse olhar multifocal e atento do mediador, espera-se que as mudanças relacionais na mediação ocorram naturalmente:

> quando nos concentramos em nós mesmos, nosso mundo se contrai, ao passo que nossos problemas e preocupações se avultam. Mas quando voltamos o foco de nossa atenção para os outros, nosso mundo se expande. Nossos problemas são relegados à periferia da mente e, assim, parecem menores, enquanto aumentamos nossa capacidade de conexão – ou ação compassiva. (GOLEMAN, 2019, p. 71)

Com a mudança intrapessoal, autoconscientes de seu estado de espírito no momento em que ele ocorre, D. Goleman (2012, p. 72) afirma que essas pessoas recuperam a clareza com que sentem suas emoções e com isso podem reforçar outros traços de suas personalidades: são autônomas e conscientes de seus próprios limites.

Para Goleman, os sinais do autocontrole emocional são fáceis de perceber: "uma propensão pela reflexão e ponderação; adaptação à ambiguidade e mudança; e integridade — uma capacidade de dizer não aos impulsos" (2015, p. 18).

O mesmo autor afirma que a chave para uma tomada de decisão

mais sábia é "estar mais sintonizado com nossos próprios sentimentos" (2012, p. 77).

A dinâmica dialógica da mediação pode, de modo seguro, colocar em xeque os posicionamentos excessivamente estreitos e fundamentalistas. Dando um passo atrás, ouvindo e sendo ouvidas, as pessoas questionam seus próprios entendimentos e podem mover-se da rigidez para a maleabilidade. O autoquestionamento crítico convida as pessoas a repensar e permite perspectivas mais amplas, inclusivas e flexíveis, que englobem a complexidade das interações humanas. A escuta e a reflexão proporcionadas em mediação criam a possibilidade para que percebam se seus comportamentos têm sido (ou não) ofensivos; para que notem se suas interpretações são baseadas (ou não) em preconceitos; para que ponderem se há (ou não) explicações alternativas para um fato; para que considerem como suas próprias vulnerabilidades e seus medos interferem nas reações que têm ocorrido durante o conflito (BECK, 1999, pp. 231-232).

Beck acrescenta que a nova perspectiva expandida de si e do outro pode levar à compreensão de que os dois estavam em conflito, não porque um deles fosse malicioso, mas porque cada um estava preocupado e ferido pelo comportamento ofensivo e adversarial do outro.

O novo e mais equilibrado entendimento da perspectiva da outra pessoa desativa as reações de raiva e medo, fornecendo, consequentemente, a oportunidade de novas construções. Ao mesmo tempo que as ressignificações estimulam o desenvolvimento de empatia, o reconhecimento recíproco também desperta a racionalidade e o intelecto.

Todas essas transformações das capacidades de inteligência regeneram a qualidade da interação, que deixa de ser destrutiva, negativa e demonizadora e passa a ser construtiva, positiva e humanizadora (BECK, 1999, p. 233).

Pessoas fortalecidas e autoconscientes das próprias emoções, forças, fraquezas, necessidades, impulsos, valores e metas são capazes de negociar com maior eficácia e inteligência, analisando a sua própria situação (e a situação do outro), suas próprias opções (e as opções do outro) e as consequências (para si e para o outro) de suas escolhas livres.

Aaron Beck (pp. 227 e 230) menciona que evidências de pesquisas estatísticas, relatórios de caso, observações de crianças, estudos experimentais e aplicações práticas em sala de aula indicam que as pessoas em geral têm uma capacidade inata de comportamento altruísta, a qual pode equilibrar ou superar as tendências hostis. Nossas qualidades inatas de empatia, cooperação e razão são tão intrinsecamente ligadas à natureza humana quanto hostilidade, raiva e violência, e podem fornecer os alicerces para a estruturação de comportamentos positivos e construtivos.

A raiva e a hostilidade têm como solo fértil crenças rígidas e autocentradas, bem como perspectivas tendenciosas, mas é possível remodelar os significados e crenças que impulsionam esses sentimentos e, dessa forma, enfraquecer a disposição para a violência. De modo análogo, os valores e ideologias que afastam as pessoas e as tornam desconfiadas e antagônicas podem ser modulados e transformados.

As transformações que ocorrem na vetorização dos componentes da inteligência emocional só serão genuínas se conquistadas pelas próprias pessoas, de forma natural. Ao exercer o papel de mediador,

> se opino ou sugiro, eu enfraqueço as pessoas e usurpo seu poder de decisão (assim como um juiz

> faz, quando é chamado a decidir por/para elas). Se opino ou sugiro, retiro da mediação seu grande diferencial de promover a autodeterminação das pessoas. (PRADO, 2021, pp. 61-62)

A atitude consciente do mediador que opta por não opinar e não sugerir, coloca em prática uma questão principiológica da mediação, sintetizada na assertiva de que "é dever do mediador se isentar de seus elementos internos pessoais, pois na mediação valem os elementos internos dos mediandos" (BRAGA NETO, 2018, p. 36).

Na dinâmica de transformações proposta e esperada pela Mediação Transformativa, afirmou-se que as mudanças para o fortalecimento usualmente ocorrem primeiro. Primeiro a pessoa se acalma, para que depois possa ver e ouvir o outro:

> enquanto estamos ansiosos ou preocupados, não registramos o brilho nos olhos dos outros, um esboço de sorriso ou um tom cordial – os canais básicos e mais importantes para enviar mensagens de amizade. (GOLEMAN, 2019, p. 70)

Esse encadeamento de mudanças acontece, porque

> a empatia é alimentada pelo autoconhecimento; quanto mais conscientes estivermos acerca de nossas próprias emoções, mais facilmente poderemos entender o sentimento alheio. (GOLEMAN, 2012, p. 118)

Notemos que a mudança interpessoal promovida pelo processo de mediação engloba as três noções de empatia, a cognitiva, a emocional e a preocupação empática. Portanto, a reversão do ciclo vicioso do conflito se inicia com as mudanças de ganho de autoconsciência e prossegue com as mudanças no modo de enxergar o outro.

Reposicionados os dois vetores das competências de inteligência emocional e iniciado o ciclo virtuoso de regeneração da qualidade da interação, o fato de um dos envolvidos "sentir-se ouvido" tem efeitos benéficos imensuráveis, pois "em termos emocionais um ato de empatia é um grande redutor de tensão" e favorece o movimento rumo a um clima de confiança e cooperação.

O mesmo efeito regenerador pode ser atingido com a atitude de dar a cada um a oportunidade de declarar sua opinião, com um importante passo adiante: mostrar um ao outro que estão sendo ouvidos. Todas essas "medidas básicas" na dinâmica dialógica funcionam como um "termostato emocional, impedindo os sentimentos expressos de transbordarem" e esmagarem a capacidade das pessoas de se concentrarem no problema em questão (GOLEMAN, 2012, p. 162).

Vejamos, na sequência, como o mediador promove o cultivo das competências emocionais.

5.5. Como o mediador transformativo ajuda os mediandos

Expressamente, o modelo transformativo define que o papel do mediador é ajudar os mediandos a realizarem mudanças positivas de interação, dando apoio ao exercício de suas capacidades de fortalecimento próprio e reconhecimento do outro.

As metas primárias do mediador são: (1) dar suporte às mudanças para o fortalecimento dos mediandos, ao apoiar (e jamais suplantar) suas próprias deliberações e tomada de decisões, em cada ponto da reunião de mediação no qual escolhas surjam (tanto em relação ao processo quanto em relação ao resultado); e (2) dar suporte às mudanças para o reconhecimento entre os mediandos, encorajando e apoiando (e jamais forçando) cada um deles a empenharem-se livremente para atingir novos entendimentos da perspectiva do outro.

Voluntariedade e autodeterminação dos mediandos são fundamentais para o mediador, que intervém para ajudar a deliberação e a tomada de decisão pelos mediandos, sem ter como meta primária dar forma a um acordo em particular; sem a intenção de impor uma agenda comum; sem se preocupar em incentivar o encerramento de certos assuntos.

Quando as oportunidades de mudanças para o fortalecimento e para o reconhecimento surgem no diálogo, o mediador auxilia os mediandos a decidirem por eles mesmos o que consideram uma resolução inteligente. Os mediandos podem escolher, por meio de seu processo de tomada de decisão, que uma resolução exitosa seja um acordo ou um compromisso, mas também podem simplesmente definir terminar a mediação sem um acordo.

Ao estar focado firmemente na deliberação, na tomada de decisão e nas perspectivas dos próprios mediandos, o mediador transformativo encoraja a possibilidade de que se criem acordos genuínos, voluntários e totalmente informados, quando e como os mediandos considerem ser apropriado.

Há de se ter o cuidado de desfazer o mito de que o mediador transformativo tem o objetivo de atingir algum tipo de mudança pessoal ou psicológica nos mediandos. Essa é uma concepção equivocada do modelo.

A Mediação Transformativa é um modelo essencialmente baseado na comunicação e não é uma abordagem psicológica. Potencialmente, podem ocorrer impactos internos nos mediandos, que podem experienciar que é possível ser verdadeiro consigo mesmo e, ao mesmo tempo, desenvolver maior compreensão, respeito e conexão com o outro de quem se discorda. Se ocorrerem mudanças internas, elas podem ter o resultado de alterar a dificultosa interação do conflito. Mas mudar as pessoas nunca é o foco do mediador. O foco está na interação entre os mediandos.

Outro equívoco é pensar que o mediador transformativo permanece inerte ou inativo durante a sessão de mediação. No modelo transformativo, o mediador é proativo e permanece concentrado e ativamente conectado com os mediandos. O mediador escuta a interação dialógica com atenção plena, em busca das oportunidades de fortalecimento e de reconhecimento. Conforme elas surgem, cabe ao mediador iluminá-las para os mediandos, constantemente convidando-os e encorajando-os: a engajarem-se no novo diálogo construtivo; a considerarem novas informações e pontos de vista alternativos; a ganharem clareza; a deliberarem e a pensarem em voz alta e a tomarem decisões por eles mesmos, voluntariamente.

Mesmo quando o mediador permanece em silêncio, isso não significa inatividade. Mediadores transformativos sentem-se confortáveis enquanto seus clientes conversam diretamente entre si e, durante a interação, continuam a procurar pelas mudanças e a checar as reações de um e de outro – sempre que for útil, haverá uma intervenção do mediador que ajude no desdobramento da conversa.

Enfatiza-se que a tarefa do mediador transformativo é seguir os mediandos (*follow the parties*): manter-se microfocado, com concentração incessante em cada movimento dos envolvidos, notando suas reações verbais e não verbais, bem como rastreando quaisquer oportunidades para intervir de maneira útil e condizente com os propósitos da mediação, estimulando a reflexão e a deliberação, favorecendo o protagonismo.

O mediador, ativamente, também sinaliza para os mediandos para que tomem, conscientemente, decisões sobre o próprio processo de mediação. A ordem e a estrutura da conversa emergem da interação e o mediador transformativo não é diretivo e não impõe um processo altamente pré-estruturado.

Conforme os mediandos precisem, eles mesmos são capazes de estruturar e ordenar a conversa, como, por exemplo: sobre quais tópicos querem conversar ou se querem fazer uma transição de um tópico para outro; se querem mover a mediação em uma direção ou, então, se querem retroceder e voltar a um determinado assunto; se querem falar da relação passada, da interação presente ou do que esperam para o futuro; se precisam adquirir maior clareza sobre as decisões que realmente querem tomar; até mesmo como querem que ocorra a comunicação entre eles durante a reunião.

O mediador transformativo, dinamicamente, incentiva e confia no discernimento dos mediandos para estabelecerem regras sobre como vão se comunicar, bem como sobre a arquitetura do processo de mediação. As oportunidades de escolhas conscientes sobre o próprio processo, com o reconhecimento das perspectivas dos outros envolvidos, são as bases para que a mediação prossiga de forma positiva e construtiva nos assuntos principais trazidos pelos mediandos.

Em todas as suas intervenções, o mediador transformativo é cuidadoso para não interromper os mediandos durante a conversação, sendo ela emocional ou não. Raramente o mediador interrompe os mediandos. E se estes interrompem o mediador, ele, rapidamente, para de falar e espera. Assim, o mediador dá suporte ao diálogo, sem ter o comando sobre ele.

O desafio do mediador é encontrar a deixa para sua entrada e saber quando será "a sua vez". Para isso, ele escuta o ritmo da conversa, esperando calmamente pela oportunidade em que o diálogo diminui de velocidade, dando-lhe uma deixa. Essa habilidade de escuta, imprescindível para o mediador, é chamada por D. Goleman de "sintonia": "a atenção que vai além da empatia momentânea, transformando-se em uma presença contínua que facilita a conexão". Sintonizado com os mediandos, o mediador oferece atenção total e ouve até o fim. Ouvir de verdade exige que entremos em sintonia com os sentimentos da pessoa, que a deixemos falar e permitamos que a conversa siga um rumo a respeito do qual entramos em acordo mútuo (GOLEMAN, 2019, p. 110).

A Mediação Transformativa, em sua releitura e inovações sistematizadas na edição de 2005 do livro *The promise of mediation*, tem extrema preocupação em evitar o diretivismo do mediador, bem como em garantir e promover a autodeterminação dos mediandos. Assim, para cumprir seu papel e atingir suas metas, o mediador transformativo usa três formas específicas de interação comunicacional que caracterizam o modelo: espelhamentos, resumos e verificações. Vejamos como a Mediação Transformativa pensa cada uma dessas técnicas e os efeitos esperados.

a. Espelhamento

No espelhamento, o mediador "reflete de volta" para a pessoa que falou exatamente o que acredita que o emissor expressou, capturando tanto o conteúdo quanto o tom emocional do que foi dito. Em sua postura, seus gestos e olhar, o mediador se engaja direta e exclusivamente com o orador que será espelhado.

O mediador apenas reproduz (espelha) a comunicação que capta: não reformula o que foi dito; não edita, não ameniza e não filtra o que foi dito; não pergunta aos demais envolvidos o que acham ou pensam a respeito do que foi dito; não carrega a mensagem aos outros mediandos (pois isso colocaria o mediador como "advogado" de quem falou e colocaria os ouvintes no holofote). Deve haver fidelidade ao "o que" e ao "como" foi dito. Toda e qualquer comunicação ou expressão (linguagem verbal e não verbal) é espelhada, não apenas as palavras.

O espelhamento é uma das mais poderosas intervenções que um mediador transformativo realiza para ajudar as pessoas a fazerem mudanças. É um movimento que dá suporte a ambos os vetores de mudanças para o fortalecimento e para o reconhecimento, para ambos os mediandos: quem falou e quem o estava escutando. Esse modo direto e exclusivo de conexão com a pessoa que é espelhada ajuda todos os mediandos.

Se realizado de forma efetiva, o espelhamento evoca, imediatamente, na pessoa "espelhada" uma reação ou de confirmação ou de correção ou de complementação ("*além disso, eu também acho que...*" ou "*e tem mais: ...*").

Mesmo que o espelhamento não tenha sido exato, usualmente ele dá a chance para o orador assumir responsabilidade por suas palavras e "corrigir o erro" ("*não foi bem isso que eu disse. O que eu disse foi...*" ou "*eu não disse que estava bravo, eu disse que eu estava furioso!*"). Qualquer uma dessas reações implica ganhos de autoconsciência, clareza e força na pessoa que falou (BUSH; FOLGER, 2005, p. 146).

Como efeitos esperados para o emissor da fala espelhada, a intervenção permite que ele se ouça e tenha um tipo de conversa interna, ajudando-o a reunir senso de clareza e assertividade sobre o que quer dizer, sobre como quer dizer, sobre como quer se apresentar. Há ganho de força no processo conversacional. Ao mesmo tempo, gera-se a oportunidade de reconhecimento do outro, pois o orador pode perceber que "foi longe demais" e pode reconsiderar e retratar-se de comentários negativos.

Se o mediador se conecta exclusivamente com o orador, o outro mediando (o ouvinte) não é posto em foco e, com isso, ganha um espaço privativo e tempo de reflexão. Permite-se que esta pessoa ouça novamente o que foi dito, só que desta vez vindo de alguém imparcial e mais distanciado do conflito. Há, assim, uma consideração maior ao que foi dito e espelhado.

Normalmente, é como se o mediando-ouvinte, que acompanha o espelhamento, ouvisse ("de uma distância segura") aquelas informações como se tivessem sido ditas pela primeira vez – são adquiridas "novas" informações sobre a situação. Cria-se um tempo suficientemente lento para a escuta, que se dá com maior clareza e de um modo mais profundo. Há, portanto, um fortalecimento. Também surge a possibilidade de uma transformação de reconhecimento, já que a escuta se dará "pela primeira vez" e de modo diferente, pela voz do mediador.

Para a Mediação Transformativa, se as pessoas interagem com raiva e em tom emocional escalado, o mediador não intervém com a intenção de desarmar, neutralizar ou conter a emoção. As emoções não são postas "para fora" do processo decisório. Mesmo em discursos emocionalmente escalados, o mediador está atento às oportunidades de mudanças da relação.

De maneira técnica, o mediador transformativo tem o compromisso de legitimar as escolhas e o controle dos próprios mediandos sobre a conversa que se desenvolve. E, com esse objetivo, o espelhamento funciona como um verdadeiro amplificador da conversa: o que foi dito se torna mais audível e mais compreensível para todos, permitindo que decidam (consciente e inteligentemente) como querem se comunicar.

b. Resumo

No resumo, o mediador interage e conecta-se com todos os envolvidos na mediação. O resumo é dirigido a todos juntos, com comunicação gestual e postura endereçada a todos, olhando para todos e movendo-se em "vai e vem" para todos.

O resumo não é uma repetição de tudo que os mediandos disseram; é uma condensação temática dos tópicos da discussão que emergiram das falas de todos. Os tópicos sumarizados devem incluir não apenas os pontos de acordo, mas também (e especialmente) os pontos de desacordo.

As diferenças não são amenizadas. Ao contrário, as diferenças e os desacordos são iluminados, mesmo nos pontos mais sensíveis. As informações são retomadas de maneira completa e não diluída, sem omitir tópicos trazidos para a conversa, utilizando, sempre que possível, a linguagem dos mediandos. Desse modo, dá-se oportunidade para esclarecimentos e para a realização de escolhas, incluindo a escolha de dar reconhecimento ao outro ou não.

O resumo inclui as perspectivas que cada pessoa expressou em cada tópico, o que as ajudará a ver quais são suas diferenças e ajudará a decidir o que fazer a respeito delas.

Assim como no espelhamento, o resumo bem realizado frequentemente produz sua própria confirmação. Depois do resumo, os mediandos vão, usualmente, encaminhar a conversa numa direção que o mediador não poderia prever. Esse movimento de imprevisibilidade é um sinal de que o resumo foi efetivo para apoiar a autodeterminação e a escolha dos mediandos, com a garantia de que o diálogo prosseguirá sem diretivismo, sem julgamento e sem imposição de uma agenda por parte do mediador.

Em uma conversa conflituosa, que se desenvolve de maneira

rápida e intensa, seria normal se os participantes perdessem o norte. A visão ampla proporcionada pelo resumo permite que os envolvidos ganhem maior clareza e possam fazer escolhas. Eles não perdem o rumo do que disseram e do que querem fazer na sequência.

Dispondo os tópicos da conversa, cria-se um tipo de mapa, que habilita os mediandos a verem: o que já percorreram; onde estão; e para onde querem ir. O resumo desfaz a confusão.

Ao ressaltar as diferenças de perspectivas dos envolvidos e as diferenças de motivações, o resumo possibilita o fortalecimento sobre os seus próprios pontos de vista e interesses e, ao mesmo tempo, cria oportunidade para o reconhecimento do ponto de vista e dos interesses dos outros.

Ao incluir a conversa como um todo, com as diferenças reveladas e as opções oferecidas, o resumo (assim como o espelhamento) tem o efeito amplificador da escuta e da compreensão do que foi dito.

O resumo pode ser encerrado com o silêncio do mediador ou com uma verificação, como, por exemplo: "como querem prosseguir?".

c. Verificação

Checar e verificar. Essas são atitudes permanentes do mediador transformativo, que decorrem de sua postura principiológica de dar apoio aos mediandos para que façam suas próprias escolhas. São atitudes coerentes com a necessária consciência de evitar sugestionar os mediandos. O mediador faz verificações concretas, para garantir seu papel de seguir os mediandos e legitimar sua autodeterminação e capacidade de escolha.

O livro *The promise of mediation*, além de fornecer os fundamentos teóricos da Mediação Transformativa, apresenta transcrições de diálogos extraídos de mediações, somadas a comentários trecho a trecho. Há inúmeros exemplos de verificações. Destaca-se o final de um resumo, seguido pela pergunta de checagem: *fica claro que vocês têm alguns desacordos bem fortes, "há alguma coisa a mais que vocês poderiam querer dizer um ao outro em que ainda não pensaram? Vocês querem um tempo para pensar sobre isso?"* (BUSH; FOLGER, 2005, p. 161).

Outro exemplo ocorre quando uma pessoa apresenta uma proposta à outra: o mediador realiza o espelhamento da proposta e a intervenção pode ser seguida por um breve silêncio e, se houver oportunidade, por uma verificação: *"como você gostaria de colocar isso em prática?"*

Se as palavras ou o tom de voz de uma pessoa sugerem ao mediador que há incerteza e dúvida sobre uma decisão, é seu trabalho ajudá-la a ganhar clareza e tomar decisões com confiança – e para isso servem as verificações. Havendo fraqueza, as checagens ajudam a fazer escolhas deliberadas e esclarecidas, mesmo que, aparentemente, isso afaste os mediandos de um acordo (a meta é dar suporte à mudança para o fortalecimento e transformar a qualidade da interação).

A verificação promove o protagonismo dos mediandos e cria oportunidades de mudanças para o fortalecimento e para o reconhecimento.

Normalmente, logo a seguir de uma verificação, os mediandos interagem com falas: calmas e deliberadas, concisas e articuladas, fluentes e confiantes, refletidas e elaboradas, respeitosas e compreensivas.

A verificação reforça a responsabilidade dos envolvidos não apenas sobre o conteúdo do conflito, mas também sobre o processo de mediação: como querem fazer na sequência? Qual seria o próximo passo? Sobre qual assunto querem conversar? Querem realizar reuniões privadas? Para onde querem ir com a conversa? (inclusive se a conversa continuará ou terminará) – a verificação funciona como um lembrete respeitoso, que atribui a responsabilidade de escolha aos mediandos.

Há pouco, ao falar sobre o espelhamento, afirmou-se que o mediador transformativo não intervém para desarmar, neutralizar ou conter o tom emocional da interação. É papel dos mediandos decidir *como* eles querem falar sobre suas questões, inclusive como querem expressar suas intensas emoções.

Ao mediador, cabe a tarefa difícil de permanecer calmo e imperturbável (autoconsciente e autocontrolado), sondando as brechas para intervir, para, por exemplo, gerar uma oportunidade de reflexão sobre o modo pelo qual a conversa tem transcorrido: "é assim que vocês gostariam de conversar?" (com todo o cuidado, para não transparecer um julgamento moralizante).

Mesmo quando as interações esquentam e colapsam, o mediador transformativo evita um papel impositivo, confia na capacidade dos mediandos e verifica, por exemplo, pedindo sugestões aos envolvidos, para que eles tenham a oportunidade de decidir como querem proceder e, com isso, colocando as decisões sobre o próprio processo nas mãos dos participantes.

É crucial que os mediandos se fortaleçam e decidam sobre a qualidade do diálogo que querem ter e conversem sobre suas vontades de criar (ou não) linhas gerais e regras sobre o modo de conversar. Conversar sobre a própria conversa é fundamental e as verificações são intervenções propícias para estimular essa reflexão.

Todas as decisões sobre questões e problemas, sobre emoções e sobre processo cabem aos mediandos. A conversa é liderada pelos mediandos, com o apoio das intervenções do mediador, que os segue.

As verificações têm o efeito de promover mudanças para o fortalecimento das pessoas em todos esses assuntos; e, como já visto, mudanças para o fortalecimento são frequentemente seguidas por movimentos de abertura e reconhecimento.

5.6. Como o mediador transformativo ajuda os mediandos e os aportes da inteligência emocional e da neurociência: foco no processo dialógico

A estratégia do mediador para potencializar as oportunidades de transformação da qualidade da interação das pessoas envolvidas na mediação é concentrar-se no modo pelo qual o diálogo se desenvolve – concentrar-se no processo conversacional – e não apenas nas questões específicas que levaram à divergência (os motivos da briga).

As transformações acontecem no transcorrer da interação dialógica mantida na mediação: "se é pelo diálogo que surgem as bases do conflito, então o diálogo pode ser nossa melhor opção para tratar de realidades conflitantes". Mesmo porque diálogos podem formar uma ideia fundamentalista de que o outro, de quem eu discordo, é um demônio:

> nem todos os processos dialógicos podem ser úteis para se reduzir o potencial de hostilidade, conflito e agressão. De fato, as conversas dominadas por troca de críticas, ameaças e exigências litigiosas podem apenas exacerbar o conflito. (GERGEN, 1999, p. 30)

O mediador ajuda a

> cultivar a inteligência emocional [das pessoas], com isso melhorando as possibilidades de resolver as coisas. Um punhado de aptidões emocionais – sobretudo ser capaz de acalmar-se (e acalmar o outro), de criar empatia, de saber ouvir – dá [às pessoas] a possibilidade de resolver, de fato, as suas divergências. Isso torna possíveis desacordos saudáveis, as 'boas brigas', que permitem [ao relacionamento] florescer e superar coisas negativas que, quando vão se acumulando, podem destruí-lo. (GOLEMAN, 2012, p. 162)

Em todos os momentos e interações, o mediador está presente como um minerador prospectando preciosas oportunidades e como um catalisador das transformações para o fortalecimento de si e o reconhecimento do outro. O mediador só poderá ajudar na concretização das mudanças em relação a si e em relação ao outro se permanecer ininterrupta e firmemente focado em cada movimento dos mediandos:

> a perspicácia e a sagacidade proporcionadas pelo microfoco originam brechas para que o mediador estimule os mediandos a conversarem sobre seus atos e opiniões, sobre suas discordâncias e concordâncias, sobre suas diferentes perspectivas, ajudando as partes a formar uma imagem diferente da que tinham da outra, quando ambas estavam afundadas na crise degenerativa do conflito. (PRADO, 2023, p. 232)

Observe-se que colocar em prática manobras que visam a cultivar a inteligência emocional das pessoas não é tarefa simples e exige muito "treinamento":

> como essas manobras podem ser necessárias no calor do confronto, quando certamente a estimulação emocional estará em alta, têm de ser superaprendidas, para podermos usá-las quando necessário.

> Se uma resposta mais produtiva é desconhecida ou não foi bem treinada, é extremamente difícil tentá-la quando perturbado. (GOLEMAN, 2012, p. 166)

Aprender, treinar e desenvolver as capacidades de inteligência emocional são necessidades que se impõem a todos: mediador e mediandos. Mas lembremos que, em mediação, as pessoas buscam ajuda focada em reverter o ciclo vicioso de degeneração da qualidade da interação, em uma situação de cegueira emocional, a qual já se mostra conturbada pelos estados de fraqueza e autocentramento. Portanto, o diferencial proposto pelo método de gestão do conflito é exatamente este: introduzir no sistema dialógico de interação uma pessoa especialmente treinada no desenvolvimento de todos os componentes da inteligência emocional.

Para poder ajudar os mediandos, todas as competências emocionais devem estar bem aprendidas pelo mediador. Como na metáfora da caixa de ferramentas, autoconsciência, autocontrole, empatia e habilidade social devem ser capacidades já conhecidas, treinadas e incorporadas no mediador, que permanecem o tempo todo à mão e são colocadas em prática imediatamente, em prol dos mediandos, conforme a dinâmica conversacional demande.

Dentre todas as habilidades do mediador, talvez a empatia emocional, "numa ligação corpo a corpo instantânea" (item 3.3.), seja uma das que mais se destaca. O mediador (treinado e microfocado) tem sempre especial atenção para o que é dito e para todos os sinais faciais, vocais e toda a gama de sinais não verbais que demonstram como os mediandos se sentem, instante após instante.

a. Contágio emocional e o papel de liderança do mediador no processo dialógico

Não basta que o mediador preste atenção nas pessoas e nos assuntos da conversa – *"follow the parties"*. De forma ativa, ao mesmo tempo em que está microfocado, o mediador deve ter consciência do processo dialógico da mediação como um todo, para conduzir as pessoas no modo pelo qual o diálogo se desenvolve. Sempre atento às oportunidades de transformação, todas as intervenções do mediador atuam como farol e bússola para conduzir os mediandos pelos rumos que eles mesmos escolhem.

O mediador busca o delicado equilíbrio entre liderar o processo dialógico e, ao mesmo tempo, garantir e promover a autodeterminação dos mediandos. Assim, espelhamentos, resumos e verificações são capazes de agir como pequenos sinais, que *chamam a atenção* para a construção do processo dialógico: "uma tarefa básica da liderança é conduzir a atenção. Os líderes nos dizem onde concentrar nossas energias" (GOLEMAN, 2015, p. 115).

H. Simon já advertiu (item 1.) que, para lidarmos com a natural limitação da racionalidade, precisamos concentrar atenção no que importa e evitar distração. Com as pessoas imersas na crise do conflito, o mediador (para ajudar) acrescentará ao sistema dialógico a sua própria habilidade de concentração. A colocação do foco e da atenção traz um impacto fundamental para as mudanças buscadas pela mediação: "o simples fato de prestarmos atenção nos permite construir uma conexão emocional. Sem atenção, a empatia não tem chance" (GOLEMAN, 2019, p. 67).

Ao conduzir a atenção, o mediador exerce um contágio positivo no sistema dialógico e gera "uma percepção clara de onde, quando, por que e em que direção precisamos dirigir nossa consciência". O simples convite à reflexão sobre uma nova estratégia, por exemplo, sinaliza uma mudança na atenção do sistema de mediação e as pessoas farão essa mudança à sua própria maneira.

> A neurociência afetiva removeu a cortina sobre como nossos cérebros lidam com a emoção. A neurociência social revelou o poder de uma ligação virtual de cérebro para cérebro que age como um conduto para emoções durante nossas interações. (GOLEMAN, 2015, p. 115)

O mediador transformativo interage com os mediandos demonstrando ter calma e autoconsciência, clareza e autocontrole, sensibilidade e empatia, motivação para o propósito e habilidade social. Ao interagir dessa maneira, o mediador influencia os mediandos. Ao mesmo tempo em que segue as pessoas, o mediador tem o poder de contagiá-las com seu comportamento — um contágio de cérebro para cérebro e de corpo para corpo.

Um diferencial positivo da inserção do mediador no sistema em crise encontra-se no fato de o mediador ser capaz de, conscientemente, influenciar o estado de espírito das pessoas e direcionar o estado emocional. D. Goleman (2012, pp. 135-137) refere-se a essa dinâmica de "coordenação de estados de espírito" e a denomina "contágio social": "emoções são contagiosas". "Toda interação contém um subtexto emocional. Em todas as nossas ações, sejam quais forem, podemos fazer com que a outra pessoa se sinta um pouco melhor, ou até muito melhor, ou um pouco pior – ou muito pior" (GOLEMAN, 2012, p. 24).

A interação social dialógica resulta em uma transferência de sentimentos:

> esse judô interpessoal apresenta inúmeras variações, mas todas se resumem à nossa capacidade de alterar o estado de ânimo de outra pessoa, e ela,

> o nosso. Quando o faço franzir o cenho, evoco em você uma pitada de preocupação; quando você me faz sorrir, me sinto feliz. Nessa troca clandestina, as emoções passam de uma pessoa para outra, de fora para dentro – com sorte, para melhor. (GOLEMAN, 2012, p. 24)

Esse fluxo de estados de espírito é inerente às interações humanas. O diferencial da mediação encontra-se no fato de o mediador influenciar a conversa de forma consciente, com o objetivo de propiciar as mudanças na qualidade da interação.

> O fato de que podemos desencadear *qualquer* emoção em outra pessoa – e ela em nós – atesta o poderoso mecanismo por meio do qual os sentimentos de uma pessoa se espalham para outras. Esses contágios são a principal transação da economia emocional, o intercâmbio de sentimentos que acompanha toda interação humana, não importa qual seja o tema em questão. (GOLEMAN, 2019, p. 26)

Daniel Goleman (2019, p. 120) descreve a habilidade social de contágio emocional como a capacidade de "exercer influência, no sentido de moldar de forma construtiva o resultado de uma interação, lançando mão de tato e autocontrole".

No mediador, essa habilidade é posta em prática para ajudar os mediandos a gerar um ambiente propício para a criação de consenso e para a construção conjunta de uma solução inteligente para o conflito. A postura, a linguagem e as atitudes não adversariais do mediador, a escuta atenta, a capacidade de autocontrole para permanecer calmo durante as crises, a autoconsciência para manifestar-se de modo claro e franco, todos esses modos de interação são capazes de *influenciar* os outros para melhor.

Essa conexão e esse fluxo são capazes de gerar uma atmosfera de colaboração. E, assim como empatia não significa sentimentalismo e habilidade social não é mera cordialidade, "colaboração não quer dizer ingenuidade ou artificialidade; quer dizer 'trabalhar juntos' para otimizar a resposta para o problema" (PRADO, 2022-1, p. 155).

Vejamos um experimento que demonstra esse papel de influência exercido pelo mediador: um estudo, hoje considerado clássico, realizado na Universidade de Yale, com reuniões de simulações de negócios.

No estudo, voluntários foram colocados em grupos incumbidos de tomar decisões sobre bonificação. Cada pessoa na reunião estava tentando obter o maior bônus possível para um ou outro funcionário, ao mesmo tempo em que almejava a melhor distribuição possível para o grupo como um todo.

> Ninguém sabia que um dos participantes em cada uma das reuniões era, na verdade, um tarimbado ator cuja atribuição secreta era adotar uma postura de confronto e pessimismo com alguns membros dos grupos e solícita e otimista com os outros. Qualquer que fosse a direção das emoções, sua liderança era seguida: os membros do grupo mostravam nítida mudança de humor, tornando-se ora chateados, ora animados. Mas nenhum dos membros do grupo parecia saber por que seu estado de ânimo havia mudado. De modo inconsciente, estavam sendo enredados em uma alteração de humor. Os sentimentos que permeiam um grupo podem enviesar a forma como seus membros processam as informações e, consequentemente, as decisões que tomam. Isso sugere que, ao tomar uma decisão conjunta, qualquer grupo deveria prestar atenção não apenas ao que está sendo dito, mas também às emoções compartilhadas no ambiente. (BARSADE, S.G., *apud* GOLEMAN, 2019, p. 65)

Goleman comenta esse mesmo experimento e descreve uma situação que se assemelha à influência positiva que um bom mediador pode gerar no sistema de negociação:

> o circuito de retroalimentação [emocional] em um grupo ajuda a manter todos no mesmo cumprimento de onda. Em grupos formados para processos decisórios, isso fomenta o tipo de conexão que pode permitir que as diferenças sejam expressas abertamente, sem medo de explosões. A harmonia em um grupo permite que a mais ampla gama de opiniões seja considerada e as melhores decisões sejam tomadas – desde que as pessoas se sintam livres para manifestar opiniões divergentes. (GOLEMAN, 2019, p. 410)

Para exercer a influência positiva, a aptidão social de "sincronia" é uma competência fundamental na interação atenta do mediador: entrar em sincronia exige que o interlocutor leia instantaneamente as dicas não verbais e faça algo a respeito, sem ter de pensar nisso.

> Os sinais não verbais da sincronia incluem a gama de interações orquestradas de forma harmoniosa, de sorrir ou menear a cabeça no momento certo a simplesmente direcionar o corpo na direção da outra pessoa. As pessoas que não conseguem entrar em sincronia podem, em vez disso, se remexer nervosamente, paralisar ou apenas se manter alheias a sua incapacidade de manter o ritmo no dueto não verbal. Quando uma pessoa estraga a sincronia, a outra se sente desconfortável – e certamente não se esforça para se aproximar de uma conexão. (GOLEMAN, 2019, pp. 115-116)

O mediador deve estar atento a todos os sinais verbais e não verbais. A sincronia, como qualquer outra competência, deve ser treinada e "superaprendida", de acordo com Goleman (2019, p. 117), para que aconteça automaticamente, "até o ponto em que as novas e mais harmoniosas reações venham de forma espontânea".

Sincronizado e concentrado, de forma realista, franca e honesta, o mediador é capaz de conduzir todo o sistema de mediação a trabalhar com uma mentalidade (*mindset*) de crescimento, como descrita por Carol Dweck. Para o mediador, "nada é melhor do que ver as pessoas encontrarem os caminhos para chegar àquilo a que dão valor" (DWECK, 2017, p. 234). O mediador contribui ativamente para a criação de um ambiente de trocas em que há a crença de que as qualidades das pessoas e a conjugação de esforços conduzirão à transformação da qualidade da interação. O diálogo crescentemente aberto incentiva o intercâmbio de informações, impressões e perspectivas, de modo que as capacidades de aperfeiçoamento pessoal e relacional ganham corpo. Tudo isso contribui para que (insista-se: realisticamente) o clima adversarial seja convertido em um clima de oportunidades de desenvolvimento. Não se trata de falsa cordialidade ou otimismo artificial: trata-se da "crença no potencial e no desenvolvimento humanos". Nesse ambiente dialógico, com o *mindset* de crescimento incentivado pelo mediador, "tudo muda, ilumina-se, expande-se, enche-se de energia, de possibilidades" (DWECK, 2017, p. 136).

b. Foco no processo dialógico: do pensamento rápido para o pensamento devagar

Para que ocorram as mudanças favorecidas pela mediação, Daniel Goleman nos alerta que "é preciso que suas próprias reações emocionais se acalmem", que as explosões emocionais diminuam de intensidade, "a um ponto em que se fique suficientemente receptivo para poder refletir" (2012, p.165).

Lembremos a informação de que "a mente emocional é muito mais rápida que a racional, agindo irrefletidamente, sem parar para pensar. Essa rapidez exclui a reflexão deliberada, analítica, que caracteriza a mente racional".

Para uma noção mais precisa dessa rapidez, tenhamos em mente que "o intervalo entre o que dispara uma emoção e sua erupção é, em geral, praticamente nulo"; os mecanismos são velozes, mesmo se considerarmos o "tempo cerebral, que é calculado em milésimos de segundo". "Esse modo rápido de percepção perde em precisão para ganhar em rapidez. Baseia-se em primeiras impressões e reage ao panorama global ou aos seus aspectos mais gritantes. Capta tudo num relance, reage e não perde tempo com uma análise mais minuciosa dos detalhes."

A grande vantagem é que a mente emocional, "de forma fulminante, é capaz de dizer do que nos acautelar, em quem confiar, quem está com problemas. Ela é nosso radar para o perigo [...]. Por outro lado, esse modo de percepção tem suas desvantagens – as impressões e julgamentos intuitivos, feitos num estalar de dedos, podem ser equivocados e dirigidos ao alvo errado" (GOLEMAN, 2012, pp. 305 e 306).

Ao estudarmos o conflito visto sob a ótica da inteligência emocional (item 5.2.), vimos que podem ocorrer situações de emergências emocionais tão intensas que ativam respostas *rápidas* de explosão e violência, de origens límbicas, que detonam um "sequestro emocional" comandado pela amígdala. Já vimos que a amígdala provoca uma "inundação emocional", com a desintegração da autoconsciência e do autocontrole. Tudo isso ocorre de modo muito rápido, imediatamente — mais rápido que um rastilho de pólvora.

As áreas cerebrais emocionais entrelaçam-se, através de inúmeros circuitos de ligação, com todas as partes do neocórtex. Lembremos que a amígdala – centro de uma rede de segurança permanentemente ligada – é a estrutura subcortical com o maior número de projeções do sistema nervoso central. Isso dá aos centros emocionais imensos poderes de influenciar (capacitando ou incapacitando) o funcionamento do restante do cérebro – incluindo seus centros de pensamento (GOLEMAN, 2012, p. 38).

Quando o conflito esquenta, somos tomados pelas reações rápidas de raiva e violência nas relações interpessoais. Um método eficiente para desativar os gatilhos primitivos da hostilidade está centrado na busca do resfriamento: com transcurso de um tempo suficiente, as pessoas são capazes de rever suas perspectivas e podem modificar suas (in)compreensões sobre o comportamento do outro, adaptando suas respostas (BECK, 1999, p. 22). Assim, do mesmo jeito que emoção influencia razão, em uma via reversa e mais lenta, a razão tem a capacidade de modular a resposta emocional.

> Enquanto a amígdala trabalha preparando uma reação ansiosa e impulsiva, outra parte do cérebro emocional possibilita uma resposta mais adequada, corretiva. A chave do amortecedor cerebral das ondas repentinas da amígdala parece localizar-se na outra ponta de um circuito principal do neocórtex, nos lobos pré-frontais, logo atrás da testa. O córtex pré-frontal [...] sufoca ou controla o sentimento, para tratar com mais eficácia da situação imediata ou quando uma reavaliação exige uma resposta completamente diferente. (GOLEMAN, 2012, p. 49-50)

A resposta neocortical (racional, mais analítica e moduladora dos impulsos) é mais lenta em tempo cerebral que o mecanismo de sequestro emocional, porque envolve mais circuitos. Também é mais criteriosa e ponderada.

Nessa dinâmica de autocontrole, a "primeira resposta emocional ocorre de forma tão rápida e espontânea que, quando a amígdala dispara suas reações e ativa outras áreas do cérebro, os centros corticais do raciocínio ainda nem sequer terminaram de analisar a situação". Quando intencionalmente nos identificamos com uma situação inquietante, a estrada principal pode gerenciar a amígdala por meio de vários circuitos pré-frontais. Mudando (racionalmente) o significado do que percebemos, alteramos também seu impacto emocional. "A reavaliação altera nossa resposta emocional. Quando a fazemos de modo intencional, conquistamos controle consciente de nossas emoções" (GOLEMAN, 2019, pp. 98-99).

Todas as intervenções realizadas pelo mediador, que geram as oportunidades de reflexão *sobre si* e *sobre o outro*, são capazes de alterar a marcha da conversa, reduzindo a velocidade das rápidas reações pulsionais, para permitir que a razão seja recrutada e componha o processo de tomada de decisão, com uma análise mais acurada da situação, das opções e das consequências. Desse modo, vê-se que a participação do mediador na dinâmica decisória traz um diferencial vantajoso para as pessoas: o mediador funciona como um antídoto para os sequestros emocionais.

As pausas e o ritmo da conversa mediada favorecem uma relação de "cooperação entre cabeça e coração" (e não uma relação de sequestro):

> Se a amígdala muitas vezes age como um disparador de emergência, o lobo pré-frontal esquerdo faz parte da chave de 'desligar' a emoção perturbadora: a amígdala propõe, o lobo pré-frontal dispõe. Essas ligações pré-frontal-límbicas são cruciais na vida mental muito além do simples refinamento da emoção; são essenciais para fazer-nos navegar em meio às decisões mais importantes na vida. (GOLEMAN, 2012, p. 51)

Em outras palavras, ainda de acordo com Goleman (2019, p. 95): "enquanto é refreada e controlada pelos sistemas da estrada principal, a amígdala não pode desempenhar o papel de malvada vilã do cérebro".

A intenção da dinâmica que se desenrola na mediação é, pois, harmonizar a *luz da razão* com o *calor da emoção*, para que ambas (juntas) permitam a construção de decisões inteligentes para si e para o outro. É por isso que o mediador treinado está preparado para conversas turbulentas e não acha que "as emoções têm que ficar *de fora*"; as emoções *dentro* da conversa são oportunidade para as mudanças para desenvolvimento das capacidades de autoconsciência e de empatia.

Daniel Kahneman, psicólogo que recebeu o prêmio Nobel de Economia em 2002, por ter integrado *insights* da pesquisa psicológica na ciência econômica, especialmente no que diz respeito ao julgamento humano e à tomada de decisões sob incerteza, denomina a "forma de pensar mais lenta, mais deliberada e trabalhosa" de "Sistema 2", que é responsável por operações muitas vezes associadas com a experiência subjetiva de escolha e concentração. A outra forma de pensar é denominada de "Sistema 1" e "opera automática e rapidamente, com pouco ou nenhum esforço e nenhuma percepção de controle voluntário" (2012, pp. 22 e 29).

Para se referir aos dois sistemas de Kahneman, Goleman utiliza as metáforas de "atalho" e "estrada principal": "o atalho é o circuito que opera abaixo da nossa consciência, automaticamente e sem esforço, a uma imensa velocidade". Por outro lado,

> a estrada principal atravessa os sistemas neurais que atuam de forma mais metódica, passo a passo, com esforço deliberado. [...] No atalho trafegam sentimentos brutos, na estada principal há uma compreensão ponderada acerca do que está acontecendo. [...] O diferencial de velocidade entre esses dois sistemas – o emocional imediato é várias vezes mais

> rápido em tempo cerebral do que o mais racional –
> permite-nos tomar decisões instantâneas das quais
> mais tarde poderíamos nos arrepender ou precisar
> justificar. (GOLEMAN, 2019, pp. 27-28)

As decisões do Sistema 1 simplesmente acontecem conosco, sem qualquer antecipação e sem consciência. Por sua vez, o Sistema 2 é responsável por um trabalho mental deliberado, laborioso e ordenado e age como uma sentinela, em permanente prontidão para suplantar as respostas do Sistema 1 (KAHNEMAN, 2012, p. 28).

"Quando o Sistema 1 funciona com dificuldade, ele recorre ao Sistema 2 para fornecer um processamento mais detalhado e específico que talvez solucione o problema do momento". Ao Sistema 2 também é atribuído o contínuo monitoramento de seu próprio comportamento — o controle que nos mantém educados quando estamos furiosos.

> O Sistema 2 é mobilizado para aumentar o esforço quando detecta um erro prestes a ser cometido. Lembre-se de uma ocasião em que você quase deixou escapar um comentário ofensivo e observe como se esforçou para recobrar o controle. Em resumo, a maior parte do que você (seu Sistema 2) pensa e faz origina-se de seu Sistema 1, mas o Sistema 2 assume o controle quando as coisas ficam difíceis, e normalmente ele tem a última palavra. (KAHNEMAN, 2012, p. 34)

Ou seja, o atalho (Sistema 1), com suas ligações neuronais ultrarrápidas, opera como uma espécie de sexto sentido e dispara um estado emocional de empatia (ou de falta dela) sem uma reflexão interveniente: empatia primordial instantânea. Por outro lado, a estrada principal (Sistema 2) "se abre à medida que monitoramos as mudanças de humor e intencionalmente prestamos atenção à pessoa com que estamos conversando, para entender melhor o que aconteceu" – como visto, é exatamente este o papel do mediador: levar sua atenção às oportunidades de mudança que surgem na conversa. "Isso faz entrar em cena o nosso cérebro pensante, em especial os centros pré-frontais" (GOLEMAN, 2019, pp. 90-91).

Portanto, o processo de reflexão consciente que ocorre na mediação é capaz de produzir decisões inteligentes porque nos propicia oportunidades de ganho de flexibilidade: a estrada principal acrescenta enorme flexibilidade ao repertório muito mais fixo e limitado do atalho. À medida que os milésimos de segundo se passam e a estrada principal ativa seu vasto arsenal de ramificações neurais, as possibilidades de resposta aumentam exponencialmente". Assim, embora a rota de atalho do Sistema 1 nos proporcione conexão emocional instantânea, a via superior da estrada principal (Sistema 2) "gera uma noção social mais sofisticada, que, por sua vez, norteia uma resposta apropriada. Essa flexibilidade é calcada nos recursos do córtex pré-frontal, o centro executivo do cérebro" (GOLEMAN, 2019, p. 91).

Se ser inteligente é ter a capacidade de desautomatizar, quando necessário, a resposta a um estímulo, aí entram os dois sistemas em (inter)ação: "o Sistema 1 é impulsivo e intuitivo; o Sistema 2 é capaz de raciocínio e é cauteloso" (KAHNEMAN, 2012, p. 64).

Levando para nossa vida cotidiana, em situações de conflito ou não, o Sistema 2 é o único que pode seguir regras e fazer escolhas deliberadas a partir de opções: "todo ser humano já passou pela experiência de *não* mandar alguém para o inferno. Uma das tarefas do Sistema 2 é dominar os impulsos do Sistema 1. Em outras palavras, o Sistema 2 é encarregado do autocontrole" (KAHNEMAN, 2012, p. 36).

O próprio D. Kahneman alerta (2012, p. 55) que "autocontrole exige atenção e esforço". D. Goleman (2019, p. 33), por sua vez, é expresso ao afirmar que "a exibição de emoções é automática e inconsciente; por isso, sufocá-las exige esforço consciente". No mesmo sentido, S. Pinker ressalta a necessidade de esforço e domínio para autocontrolar-se:

> quando uma pessoa luta com um impulso, sente-se como se fizesse um esforço intenso. Em muitas línguas os termos para autocontrole invocam o conceito de força, como "força de vontade" e "autodomínio". Tal como muitas metáforas conceituais, a de que autocontrole é esforço físico termina por ter um grão de veracidade neurobiológica. (2013, p. 804)

No diálogo da mediação, o mediador contribui com seu próprio *esforço e atenção* para *desacelerar* a conversa e para promover oportunidades de desenvolvimento do autocontrole nos mediandos. Por exemplo, recordemos que, ao discorrer sobre os resumos realizados pelo mediador (item 5.5.b.), foi feita a descrição de que a conversa conflituosa se desenvolve de maneira *rápida e intensa*, com uma dinâmica na qual seria normal os participantes perderem o norte – ficarem desnorteados, descontrolados. De forma deliberada, o resumo promove uma pausa na conversa, que permite a construção mental de um mapa do diálogo e a escolha consciente dos próximos passos.

Em decorrência da tensão, do cansaço, do ritmo vertiginoso da conversa ou por uma série de outros motivos, a autoatenção pode ser perdida no desenrolar da interação destrutiva (conflito). Com isso, a capacidade de deliberar e decidir conscientemente entre as opções também se perde. Para esses momentos, a intervenção do mediador será o diferencial vantajoso para evitar que decisões automáticas e impulsivas sejam tomadas, com potencial dano para si e para o outro.

O zelo e o esforço microfocado do mediador serão o interruptor capaz de ativar o Sistema 2 dos mediandos, jogando o holofote nas oportunidades que podem requerer deliberação e análise cuidadosa, quer seja da situação, das opções ou das consequências de determinada decisão. O mediador é a pessoa capaz de, literalmente, recrutar o Sistema 2 dos envolvidos, tirando a conversa do modo automático e gerando oportunidades de reflexão. Mais uma vez, o mediador atua reduzindo a marcha da conversa: do embate rápido para a escuta atenta e vagarosa, gerando respostas deliberadas e cuidadosas consigo e com o outro.

Se existe muita coisa em jogo, os erros "podem ser evitados com uma intervenção deliberada do Sistema 2" (KAHNEMAN, 2012, p. 103). Deliberadamente, o mediador espelha ou resume falas e verifica o que está em jogo, como as pessoas querem se comunicar ou se as consequências práticas das decisões são aceitáveis para si e para o outro.

Ao reduzir a marcha do diálogo e ampliar as capacidades de escuta e reflexão, a mediação permite o intercâmbio fértil de perspectivas e informações entre as pessoas. Com isso, todos passam a ter uma visão mais clara e ampla sobre os aspectos complexos do conflito — todos são "fortalecidos", na concepção da Mediação Transformativa. Evitam-se, assim, vieses de julgamento e de escolha, já que o Sistema 2 realiza uma análise mais cuidadosa da situação como um todo, funcionando como um antídoto para conclusões fundamentadas em evidências extremamente limitadas.

Logo no início do presente estudo (item 2.1.), definiu-se que decidir de forma inteligente equivale a ser flexível, agir por escolha consciente, com independência em relação aos estímulos, adaptando-se a situações complexas, em lugar de simplesmente reagir de maneira impulsiva e irrefletida. Fica demonstrado que a mediação é um processo capaz de reduzir a velocidade do processo de tomada de decisão, recrutando a mente racional para operar ao lado da mente emocional, em busca de decisões inteligentes.

c. Foco no processo dialógico: antídoto para o viés do autoengano

Em situações conflituosas e de interdependência, agir sozinho, sem explorar e sem refletir sobre suas próprias opções e ignorando a perspectiva dos outros envolvidos, conduz a decisões pré-concebidas pela "nossa capacidade quase ilimitada de ignorar nossa própria ignorância" (KAHNEMAN, 2012, p. 252). Nessas situações, o viés autocentrado do Sistema 1 gera uma verdadeira armadilha para nós mesmos:

> você não consegue deixar de lidar com a informação limitada de que dispõe como se fosse tudo que há para saber. Você constrói a melhor história possível a partir da informação disponibilizada a você, e se for uma boa história você acredita nela. Paradoxalmente, é mais fácil construir uma história coerente quando você sabe pouca coisa, quando há poucas peças para encaixar no quebra-cabeça. (KAHNEMAN, 2012, pp. 251-252)

S. Pinker complementa:

> Não é apenas que existem dois lados em toda disputa. É que cada lado acredita *sinceramente* em sua visão da história — concretamente, que ele é a vítima inocente de um longo sofrimento, e o outro lado, um sádico perverso e traiçoeiro. (2013, p. 664)

A mediação é antídoto para esse viés de autoengano, a confortável e aprisionante sensação de que *eu sou o único dono da razão e o outro está errado*. Enquanto se enxergam em lados opostos, as pessoas amealham uma narrativa histórica e um elenco de fatos consistente com sua sincera convicção (PINKER, 2013, p. 664), que exclui qualquer outra.

> É desconcertante constatar que todos os lados de um conflito, desde colegas de quarto discutindo por causa de um trabalho de fim de semestre até nações engajadas em guerras mundiais, estão convencidos de que têm razão e podem fazer remontar suas convicções por meio de um registro histórico. (PINKER, 2013, p. 666)

Nos diálogos em situação de crise, "não nos damos conta das nossas inadequações nem de como contribuímos para que surjam as inadequações do outro." Nessa interação autocentrada e excludente, tratamos o outro mal, desprezamos suas questões; derrubamos, eliminamos e desqualificamos pontos de vista. "E, com eles, seus autores" (ALMEIDA, 2017, p. 142).

No ponto extremo de degeneração da relação conflituosa, não há a mais remota possibilidade de um olhar diferente para si ("nós podemos não ser tão puros quanto pensamos") ou para o outro ("o outro lado pode ter alguma razão"): "os dois lados se confrontam, cada um deles convencido de que está no seu direito, e ninguém pensará melhor no caso, pois o autoengano de todos é invisível para eles" (PINKER, 2013, p. 666).

As ações desencadeadas exclusivamente pela mente emocional carregam essa forte sensação de certeza, que é subproduto de um tipo de comportamento bastante simplificado: "esse modo infantil de pensar se autoconfirma, na medida em que descarta ou ignora lembranças que possam abalar sua crença". Para o modo de ver autocentrado da mente emocional, nas situações de crise, nossas crenças são "totalmente verdadeiras" e, portanto, descartam qualquer coisa que lhes seja contrária (GOLEMAN, 2012, pp. 305 e 308-309).

Essa cegueira para o reconhecimento da perspectiva do outro tem origem em mecanismos primitivos de processamento de informações, mantidos ao longo da evolução humana, que prejudicam nossos julgamentos sobre pessoas que são diferentes de nós. Essa é uma natural inclinação cognitiva que pode nos conduzir a atribuir indiscriminadamente malícia às ações de qualquer um que colidam com as nossas. Nós interpretamos, desvirtuamos ou descartamos os sinais transmitidos pelos outros de acordo com nossos próprios valores, regras e crenças (BECK, 1999, p. 30).

Nós todos temos a tendência de nos percebermos como atores principais de uma história e julgamos o comportamento dos outros tomando-nos como referência de correção e justiça. Nesse modo primário de interação, vemo-nos imediatamente como protagonistas e aos outros só sobram os papéis ou de coadjuvantes ou de antagonistas. Interpretamo-nos como inocentes e bons. Esse olhar autocentrado também nos leva a crer que os outros interpretam a situação da mesma maneira que nós. Aliás, eles, os vilões, parecem-nos até mais culpados de suas maldades, porque eles "sabem" que estão nos magoando e persistem em seus comportamentos nocivos mesmo assim.

Aqui, mais uma vez, se instaura um ciclo vicioso de interação negativa e destrutiva, pois as visões reciprocamente autocentradas são o cenário para mais ações de raiva e retaliação (BECK, 1999, p. 27).

A mediação tira as pessoas do lugar cômodo do "conforto cognitivo" (KAHNEMAN, 2012, p. 114), no qual se sente a certeza de que *a minha boa história é a correta* e *só eu tenho razão*. O transcurso do diálogo da mediação explora alternativas que antes eram automaticamente rejeitadas ou sequer eram enxergadas; as decisões pré-concebidas são substituídas por decisões coconcebidas. O quebra-cabeça se torna mais complexo e a decisão é aprimorada.

Incerteza e dúvida, que são o domínio do Sistema 2, são incluídas no processo decisório (KAHNEMAN, 2012, p. 105), trazendo complexidade a ele e, portanto, gerando a possibilidade de decisões mais inteligentes.

Retomando a teoria comportamental da racionalidade limitada, de H. Simon (item 1.), pode-se afirmar que a mediação, ao reduzir vieses de julgamento e decisão, constitui-se como um processo decisório que ameniza nossas naturais limitações, contribuindo para que as pessoas tenham acesso a um conjunto mais abrangente de informações iniciais e, assim, possam produzir opções viáveis, explorar a melhoria das opções já conhecidas e considerar as prováveis consequências das decisões para si e para os outros.

A mediação entrelaça as histórias individuais e cria uma nova perspectiva ampliada de corresponsabilidade e interdependência. A ampliação de olhares proporcionada pelas mudanças de fortalecimento próprio e reconhecimento do outro nos torna capazes de perceber o mundo "como um todo integrado, composto de diferentes elementos interdependentes que interferem uns nos outros, em maior ou menor proporção". O paradigma sistêmico, colocado em ação do diálogo mediado, permite que os eventos com os quais lidamos sejam vistos de modo mais complexo, em múltiplas dimensões, e reconhecidos como parte de uma cadeia maior de ocorrências (ALMEIDA, 2017, pp. 137-138).

Sob essa perspectiva, a mediação mostra-se como um espaço de diálogo, no qual as pessoas são autoimplicadas e percebem-se como elementos de um sistema; elementos em mútua influência, que contribuem para o que ocorre consigo e com o outro – "o indivíduo passa a ser visto como sendo parte de um complexo em que cada membro influi e é influenciado por outro em um interjogo relacional" (FONKERT, 1999, p. 174).

O diálogo da mediação ocorre não para definir indivíduos culpados, um apontando o dedo para o outro, que seria o causador exclusivo das coisas ruins que acontecem:

> ao encontrar defeitos no outro, começamos a erigir um muro entre nós. Ao culpar alguém, posiciono-me como alguém que sabe tudo e que é totalmente íntegro e você como um ser com defeitos que está sujeito a meu julgamento. (GERGEN, 1999, p. 35)

Com uma proposta diferente da dinâmica autocentrada que culpa o outro (culpa individual), a tônica na mediação é a de que todos são corresponsáveis pela relação e pela transformação do conflito (PRADO, 2021, p. 58).

As mudanças da qualidade da interação proporcionadas pela mediação são as bases para que a conversa da mediação busque encontrar formas "de substituir indivíduos culpados por um sentido de relação interdependente" (GERGEN, 1999, p. 36).

No auge do conflito, a mentalidade unidimensional, causal e simplista afoga as pessoas no "mito do mal puro": "o mal é o recurso intencional e gratuito ao dano, em proveito próprio, perpetrado por um vilão perverso até a medula, contra uma vítima que é inocente e boa". Mas, na vida cotidiana, o mal é perpetrado por gente comum, envolvida pelas circunstâncias, influenciada pelas relações pessoais, realizado por caminhos que as pessoas sentem serem razoáveis e justos (PINKER, 2013, p. 668). Como a mediação pode ajudar a conciliar mito e vida real?

O diálogo da mediação exercita uma mentalidade pluridimensional, sistêmica e complexa. A mediação nos ajuda a perceber nossa autoimplicação:

> na convivência cotidiana em geral e, em especial, nas situações de discordância, é crucial perceber-

> mos [...] que as interações sociais são circulares, e que muito raramente – nas situações de agressividade gratuita ou em alguns incidentes – não contribuímos para o que nos ocorre. (ALMEIDA, 2017, p. 260)

Se o viés do autoengano é uma sensação confortável (de que só nós temos a razão), a autoimplicação nos provoca "o desconforto da coautoria do nosso infortúnio" e possibilita termos algum campo de ação (ALMEIDA, 2017, p. 260), com mais flexibilidade para a tomada de uma decisão inteligente e com protagonismo para provocar mudanças vantajosas na situação.

Nas palavras de Tania Almeida: "o protagonismo nos devolve a potência, implicando-nos na ação e na mudança. Implica-nos na construção do conflito, mas também em sua desconstrução; no comprometimento com a resolução coconstruída e com a manutenção da nova dinâmica proposta" (2017, p. 261).

A reconquista das competências de inteligência emocional vetorizadas para si e para o outro – com mudanças da fraqueza para o fortalecimento e do autocentramento para o reconhecimento do outro – torna toda a narrativa mais densa, internalizando ambiguidades antes desprezadas. O antídoto faz efeito e deixamos de nos enganar com nossos podres poderes das certezas autocentradas. Surge espaço para a transformação do conflito.

d. Foco no processo dialógico: mediação é um *nudge*

Tomar decisões inteligentes em situações de conflito requer o incremento das competências de inteligência emocional e a superação de condições limitantes da racionalidade, com concentração de atenção em si, no outro e no processo de interação. Já se disse e repete-se: a estratégia do mediador para a transformação da qualidade da interação é concentrar-se no modo pelo qual o diálogo se desenvolve.

É possível exercer grande influência nas escolhas das pessoas com pequenas mudanças de contexto. Mudando o procedimento que leva à decisão, podemos mudar e melhorar a qualidade das escolhas. Assim como na arquitetura de um prédio, detalhes mínimos e que pareçam insignificantes em um processo decisório "podem gerar grandes impactos no comportamento das pessoas". Uma boa regra geral, para a arquitetura de prédios e de processos decisórios, é partir do pressuposto de que "tudo é importante" (THALER; SUNSTEIN, 2019, p. 12).

O presente tópico (e talvez grande parte do livro) inspira-se em mais um prêmio Nobel de Economia, do ano de 2017, Richard Thaler, por suas contribuições à economia comportamental, em sua obra produzida em parceria com Cass Sunstein, para afirmar que a mediação é um *nudge*.

Lembremos: a questão que estamos analisando diz respeito aos modos pelos quais o mediador ajuda os mediandos à luz da inteligência emocional. Dentre os componentes da inteligência emocional do mediador, ganha especial importância a sua habilidade social para conduzir as pessoas na direção do que desejam, inspirando-as, oferecendo um senso de propósito comum e influenciando a cooperação para a construção consensual de soluções que aproveitem ao máximo suas capacidades e talentos. Pois bem, o mediador, com sua habilidade de gestão de relacionamentos, exerce a função de arquiteto do diálogo e alça-se à condição de arquiteto de escolhas: "um arquiteto de escolhas tem a responsabilidade de organizar o contexto no qual as pessoas tomam decisões" (THALER; SUNSTEIN, 2019, p. 11).

De maneira sintética, Thaler e Sunstein definem que "*nudge* é qualquer fator que altere significativamente o comportamento de humanos" e torne mais fácil uma escolha inteligente (2019, p. 17). Como visto no transcorrer de todo o livro, a mediação atua como um fator que move as pessoas de um modo de agir adversarial e destrutivo para outro tipo de comportamento, colaborativo e construtivo. E faz isso preservando (e incrementando) a liberdade de escolha das pessoas, bem como possibilitando a construção de decisões mais vantajosas e inteligentes.

Quer chamemos a mediação de "ambiente", de "processo" ou de "contexto" de tomada de decisão, ela nada mais é do que um jeito de dialogar, um modo de conversar. Se conduzida por um mediador treinado e consciente de seus propósitos, a mediação funciona como um *estímulo*, como uma *influência*, como um *alerta*, como um *gentil aviso* ou como um *lembrete* de que as pessoas têm a capacidade de gerir seus conflitos por elas mesmas, à medida que recuperam sua autoconsciência e reconhecem as perspectivas do outro.

Nudge significa "dar um empurrãozinho" (THALER; SUNSTEIN, 2019, p. 12) e é exatamente essa ajuda que a mediação proporciona para as pessoas: um "empurrãozinho" para que exerçam seu natural desejo e capacidade de superar a crise do conflito.

Outro Nobel de economia já citado no texto, H. Simon, contribuiu com a ideia de que, para lidar com a natural condição humana de racionalidade limitada, o mecanismo de decisão precisa concentrar atenção (evitar distração). D. Goleman também afirma que desenvolver as habilidades componentes da inteligência emocional depende de atenção e que a tarefa básica da liderança é conduzir a atenção.

É precisamente isso que o mediador faz: permanece atento, apoia e conduz a atenção dos mediandos para as oportunidades de mudanças (com empurrõezinhos); mesmo as mudanças aparentemente pequenas são cruciais para que cada um dos mediandos mova-se da fraqueza para o fortalecimento próprio e do autocentramento para o reconhecimento do outro.

Como um verdadeiro *nudge*, a arquitetura da mediação é toda construída "na convicção de que as pessoas devem ter a liberdade para fazer o que quiserem, inclusive recusar acordos desvantajosos". Assim como toda a conceituação criada pelos autores de *Nudge*, a mediação tem a firme preocupação de criar atitudes que "mantenham ou aumentem a liberdade de escolha" das pessoas, para que, cada vez mais, elas "sigam seu próprio caminho" (THALER; SUNSTEIN, 2019, pp. 12 e13).

Além do cuidado em preservar (ou potencializar) a autodeterminação, a mediação (assim como os *nudges*) pretende influenciar o comportamento das pessoas, desde que seja para tornar a vida delas melhor. Assim, o mediador (arquiteto de decisões) realiza intervenções que direcionem as pessoas a fazer, de forma consciente, escolhas (livres) que melhorem sua vida — "escolhas benéficas e com consciência disso" (THALER; SUNSTEIN, 2019, pp. 13-14).

A ponderação e a decisão a respeito do que é mais benéfico e vantajoso são feitas pelos próprios mediandos, considerando suas próprias perspectivas e as dos outros envolvidos — o mediador, por meio de espelhamentos, resumos ou verificações, coloca os holofotes nos assuntos e as próprias pessoas ponderam e decidem.

A vantagem de uma escolha pode ser auferida colocando-se nos pratos da balança a decisão a ser tomada e o bem-estar gerado por ela; esta relação entre decisão e bem-estar é chamada em *Nudge* de "mapeamento": "um bom sistema de arquitetura de escolhas ajuda as pessoas a melhorar a própria capacidade de fazer o mapeamento correto e, com isso, escolher alternativas mais benéficas para si" – e para os outros (THALER; SUNSTEIN, 2019, pp. 108-109).

O *nudge* se faz necessário "para tomar decisões difíceis e pouco frequentes, cujo *feedback* não é sentido imediatamente", e também quando as pessoas não conseguirem traduzir determinados aspectos da situação em termos fáceis de compreender (THALER; SUNSTEIN, 2019, p. 87).

A ideia de *nudge* encaixa-se como uma luva à mediação, pois, na situação de conflito, usualmente, a limitação da racionalidade fica evidente, a complexidade prejudica a qualidade da escolha e as consequências para o futuro não são visualizadas imediata ou claramente:

> quando as pessoas precisam tomar decisões que testam sua capacidade de autocontrole, surgem alguns problemas previsíveis. Na vida, grande parte das decisões que tomamos, como escolher entre vestir uma camisa azul ou uma branca, não exige autocontrole. É mais provável que problemas de autocontrole surjam quando as decisões a serem tomadas e suas consequências estão separadas no tempo. (THALER; SUNSTEIN, 2019, p. 88)

Confirmando todas as ideias até agora apresentadas, R. Thaler e C. Sunstein consideram que, "em muitos casos, as pessoas tomam decisões ruins – decisões que não tomariam se estivessem prestando atenção e se tivessem todas as informações necessárias, capacidades cognitivas ilimitadas e total autocontrole" (2019, p. 14).

Para afastar as pessoas da tomada de decisões ruins e favorecer as inteligentes, a mediação promove as mudanças para fortalecimento de si e para o reconhecimento do outro. Com esse intento, os empurrõezinhos do mediador precisam ser suficientes para colocar em destaque as oportunidades de mudanças, as quais não ocorreriam no ciclo degenerativo da interação conflituosa.

Como já vimos, mudar requer esforço: os arquitetos de escolhas "sabem que é bom estimular, com *nudges*, as pessoas a seguirem caminhos que não escolheriam logo de cara. Às vezes, estruturar as opções significa ajudar as pessoas a aprender, para que, mais tarde, possam tomar decisões melhores por conta própria" (THALER; SUNSTEIN, 2019, p. 114).

Os autores alertam que *nudge* (assim como mediação) não é ordem, não é exigência e não é proibição: "*nudge*, na nossa concepção, é um estímulo, um empurrãozinho, um cutucão; é qualquer aspecto da arquitetura de escolhas capaz de mudar o comportamento das pessoas de forma previsível sem vetar qualquer opção". Sendo que, "para ser considerada um *nudge*, a intervenção deve ser barata e fácil de evitar. Um *nudge* não é uma ordem" (2019, p. 19).

No aspecto da manutenção da liberdade de escolha, vale mencionar que a voluntariedade, característica essencial da mediação, possibilita o perfeito enquadramento da mediação como um *nudge*: estar na conversa de mediação é um ato de escolha, que pode ser revisto (evitado) a qualquer momento pelos envolvidos.

Na questão de facilidade de acesso financeiro, lembremos que o conflito tem efeitos danosos amplos, que ultrapassam as cifras, prejudicam as relações dos envolvidos e retiram sua tranquilidade. A mediação reverte (regenera) esses efeitos danosos e reduz tanto os custos financeiros dos conflitos, quanto os "irreparáveis e incalculáveis custos emocionais" (BAYER; GROSMAN, 2016, p. 384). Aliás, mesmo que restringíssemos a abordagem apenas ao critério objetivo dos custos pecuniários, se conjugarmos os atributos de custo módico e manutenção da liberdade de escolha, confirmaremos a convergência entre *nudge* e mediação, pois, como "a mediação é dotada de previsibilidade, dada a sua natureza contratual" (PRADO, 2022-1, p. 156), os custos financeiros são convencionados e, por isso, sempre caberão nas possibilidades dos envolvidos. Quer seja por seus custos intrínsecos ou pelas vantagens resultantes da mediação, ela é "barata", se comparada a outras formas de gerir conflitos.

Em suma, a mediação é um *nudge* eficaz, pois tem a intenção de melhorar a vida das pessoas "de acordo com suas próprias preferências" (THALER; SUNSTEIN, 2019, p. 18), aumenta suas capacidades de resolver os problemas de maneira vantajosa e inteligente, bem como mantém a liberdade de escolha, com custos baixos.

O livro de R. Thaler e C. Sunstein tem o título *Nudge: como tomar melhores decisões sobre saúde, dinheiro e felicidade*. Sob forte influência dos premiados autores, diante das evidentes congruências entre a mediação e o conceito de *nudge*, ousa-se concluir este tópico com o comentário de que o ensaio como um todo poderia ter o título *Mediação: como tomar melhores decisões*.

PARTE TRÊS

A MEDIAÇÃO FACILITATIVA VISTA PELAS PERSPECTIVAS TRANSFORMATIVA E DA INTELIGÊNCIA EMOCIONAL

6. A MEDIAÇÃO FACILITATIVA

Nesta parte do livro, pretendo verificar a aplicabilidade das ideias até agora apresentadas a outros métodos de mediação, através da pergunta: apenas o modelo transformativo utiliza-se da teoria da inteligência emocional para constituir-se como um processo de tomadas de decisões inteligentes? A intenção é responder a essa questão e, com isso, refutar ou ampliar o impacto do estudo.

Para isso, de um modo pragmático, serão analisados, sob a perspectiva transformativa e da inteligência emocional, os passos fundamentais de atuação da Mediação Facilitativa, que é, certamente, o método de gestão de conflitos mais difundido em todo o mundo. O modelo facilitativo foi sistematizado pelo Programa de Negociação de Harvard, que, conforme descrito em seu *site* (www.pon.harvard.edu), inclui professores, alunos e funcionários da Universidade de Harvard, do Instituto de Tecnologia de Massachusetts e da Universidade Tufts e que recebe anualmente estudantes de todas as regiões do planeta, com cursos, treinamentos e mentorias em negociação e mediação em praticamente todos os campos de relacionamento humano: escolar, comunitário, empresarial, laboral, diplomático, étnico-religioso, entre outros.

O passo a passo da Mediação Facilitativa tem como base a obra clássica, originalmente publicada em 1981, dos professores de Harvard, Roger Fisher e William Ury (com contribuição posterior de Bruce Patton), consultada na edição brasileira: *Como chegar ao sim – como negociar acordos sem fazer concessões*.[3] Será apre-

---

3. Este capítulo 6 tem como fonte principal essa obra e, por isso, as referências a ela serão realizadas apenas com a indicação das páginas da edição consultada. Nos trechos transcritos, todas as expressões destacadas (em negrito ou itálico) foram mantidas conforme consta no original.

sentado o método indicado pela escola de Harvard, com o foco e a intenção de demonstrar que os movimentos e técnicas do mediador facilitativo buscam, em última análise, as mudanças para o fortalecimento de si e para o reconhecimento do outro, alicerces da Mediação Transformativa.

Os pontos que definem o método de Harvard relacionam-se aos elementos básicos da negociação, assim elencados: as pessoas, os interesses, as opções e os critérios (p. 33). Neste estudo, acrescentar-se-á uma análise sobre um quinto elemento (externo à negociação, mas inerente ao método facilitativo): as alternativas ao acordo.

Como uma introdução, demonstrando a aproximação de fundamentos entre as duas escolas estudadas, destaca-se o seguinte trecho de *Como chegar ao sim*, já com o enfoque dado à transformação da qualidade da interação: "o desafio não é eliminar conflitos, mas transformá-los. É mudar o modo como lidamos com nossas diferenças — em vez de conflitos antagônicos e destrutivos, solução de problemas de forma conjunta e pragmática" (p. 13).

6.1. Separar as pessoas do problema

As noções basilares de fortalecimento de si e de reconhecimento do outro da Mediação Transformativa estão presentes em todo o itinerário da Mediação Facilitativa. Aspectos de fragilidade e autocentramento, que caracterizam o estado de conflito, aparecem desde a apresentação dos pilares deste método, quando os autores nos afirmam que "seres humanos não são computadores. Somos criaturas fortemente emocionais, em geral com percepções radicalmente distintas, e temos dificuldade de nos comunicar com clareza. Em uma situação típica, as emoções se embaralham com os méritos objetivos do problema" (p. 35).

A escola de Harvard considera, assim como a Mediação Transformativa, que, no estado de crise, "as pessoas ficam zangadas, deprimidas, amedrontadas, hostis, frustradas e ofendidas". Fica evidente como o conflito tem efeitos de embotamento da inteligência emocional, com perda de autoconsciência e desconexão com o outro. Ensimesmadas, as pessoas envolvidas no conflito "veem o mundo a partir de seus próprios pontos de vista", desconsiderando o ponto de vista dos outros envolvidos (p. 41).

Ao indicar a técnica de "separar as pessoas do problema", a intenção do modelo é a de que "os participantes devem ver a si próprios trabalhando lado a lado, atacando o problema, não uns aos outros" (p. 35). Para superar a crise de confusão e "embaralhamento", faz-se necessário reconhecer que "outras explicações podem ser igualmente válidas" (p. 42). Em uma metáfora que remete a uma "floresta de problemas de pessoas", o modelo facilitativo classifica os "problemas" em três categorias básicas: *percepção, emoção* e *comunicação* (p.43).

- **Problema de percepção**

Um paralelo interpretativo entre os dois modelos de mediação abordados pode associar "percepção" a "reconhecimento do outro", pois o modelo facilitativo nos diz que entender o raciocínio desenvolvido pelo outro lado ajudará a resolver o problema.

Em última análise, o modo como cada lado enxerga a realidade é que constitui o problema em uma negociação (pp. 43-44). A sugestão de transformação para superar a crise é clara:

> **Coloque-se no lugar deles** [...] As pessoas tendem a enxergar apenas aquilo que desejam [...], tendem a selecionar e focar nos fatos que confirmam sua percepção prévia, descartando ou interpretando erroneamente os que colocam sua crença em xeque.

> Cada um dos lados de uma negociação poderá enxergar apenas os méritos de seu caso e os defeitos do caso dos outros. (p. 44)

As similitudes, em especial, com as ideias já apresentadas pelo modelo transformativo sobre o autocentramento e o viés do autoengano são cristalinas. Mas as semelhanças não param por aí. Ao seu modo, os autores de Harvard falam sobre a importância da mudança do vetor de inteligência emocional, para movê-lo em direção ao outro, e afirmam que a capacidade de "perceber a situação do jeito que o outro percebe" é uma das habilidades mais importantes em uma interação negocial: não basta saber que cada um tem um modo distinto de interpretar a situação, é preciso também "entender de forma empática" (p. 44).

> Entender o ponto de vista do outro não significa concordar com ele (...) um melhor entendimento do raciocínio do outro poderá levá-lo a revalidar a sua própria visão acerca dos méritos da situação. (p. 45)

Sem qualquer esforço interpretativo, conforme a explicação exauriente que se deu às mudanças almejadas pela Mediação Transformativa, vê-se que a escola de Harvard afirma ser fundamental, para a solução do problema, reconhecer a perspectiva do outro e, ao mesmo tempo, revalidar e ter mais clareza sobre o que você mesmo entende como melhor solução para a questão.

Visitar e reconhecer a perspectiva do outro tem o duplo benefício de reduzir a área do conflito e de permitir que se avance em direção ao "recém-enriquecido interesse próprio" (p. 45).

Esse avanço, sob a ótica do mediador transformativo, corresponde a uma mudança para o fortalecimento de si, quando um dos mediandos demonstra que seu interesse está mais claro e transparente (enriquecido e revalidado).

A Mediação Facilitativa é tão marcada pela questão da necessária mudança para o reconhecimento do outro que sugere que as pessoas explicitem suas percepções, a fim de que o outro envolvido alcance a mudança e "leve a sério o que você diz" (p. 46).

A percepção e a inclusão da perspectiva do outro no processo de tomada de decisão equivale a um incremento de empatia cognitiva e tem como efeito contribuir para que o quebra-cabeça se torne mais complexo. Cuidar de questões ligadas à percepção funciona, portanto, como um antídoto para o viés do autoengano.

- **Problema de emoção**

Os "problemas de emoção", assim como os de percepção, têm o efeito de enfraquecer as pessoas e de desconectá-las do outro. Frágeis e autocentradas, "as pessoas normalmente chegam a uma negociação se sentindo ameaçadas [...] Emoções de um lado induzirão emoções no outro. O medo poderá gerar raiva e a raiva, medo" (p. 49). O conceito de contágio emocional não é desprezado e, de forma expressa, o "problema de emoção" conduz ao ciclo degenerativo da crise do conflito. Como reverter o ciclo? A resposta para esta pergunta é uma dica para transformar a qualidade da interação e caminhar em direção à resolução (esta resposta de Harvard até parece ter sido escrita conjuntamente por Bush, Folger e Goleman): **"primeiramente, reconheça e entenda as emoções, as suas e as deles"** (p. 49). Ou seja, abra-se para compreender o outro e fortaleça-se para ter maior clareza sobre seus próprios sentimentos.

A mediação harvardiana aponta para que levemos foco e atenção para o aprimoramento de duas competências de inteligência emocional: a autoconsciência das emoções, que é a aptidão emocional fundamental, e a empatia emocional, que nos convida a levar em conta, ponderadamente, os sentimentos dos outros no processo de tomar decisões inteligentes. Os dois vetores da inteligência emocional são, pois, importantes para esse estilo de mediação: o que está voltado *para si* e o que está voltado *para o outro*.

O método facilitativo sugere que todas as emoções sejam tornadas explícitas: "converse com as pessoas do outro lado sobre as emoções delas. Fale sobre as suas próprias emoções". Desse modo, *Como chegar ao sim* nos ensina, com todas as letras, que as emoções não podem "ficar de fora". A exposição das emoções tem o efeito de dar oportunidade para o reconhecimento recíproco, tornando as pessoas mais dispostas a trabalhar juntas para resolver os problemas. As interações se transformarão, para serem "menos reativas e mais proativas" (pp. 50-51) – muda-se, portanto, a dinâmica de interação de destrutiva para construtiva.

- **Problema de comunicação**

No tema da comunicação, *Como chegar ao sim* aprofunda a importância da escuta para as transformações em relação à percepção e à emoção (p. 53). A intenção de uma escuta atenta é permitir as transformações virtuosamente cíclicas de maior fortalecimento de si e maior compreensão do outro.

Ao escutar e demonstrar a compreensão, considerando as percepções, necessidades e limitações das outras pessoas, elas sentirão a satisfação de serem ouvidas e compreendidas (p. 53); ao se sentirem compreendidas, ocorre uma mudança para o fortalecimento próprio; e já vimos que a mudança para o fortalecimento oportuniza novos movimentos de abertura e reconhecimento do outro.

A escuta qualificada que legitima as informações trazidas pelas outras pessoas gera "confiança no processo dialógico e o sentimento de que é possível falar e ser ouvido, mesmo na vigência de discordância". Essa postura privilegia a construção de consenso em detrimento do debate, o entendimento em detrimento da disputa (ALMEIDA, 2017, p. 67).

Os "problemas de comunicação" nos remetem ao desenvolvimento das habilidades empáticas (tanto cognitiva quanto emocional) e já vimos que empatia não significa sentimentalismo; ela é a capacidade de entender a perspectiva das outras pessoas e os modelos pelos quais elas veem o mundo.

Reconhecer as falas de nossos interlocutores não implica concordar com eles; prestar atenção ao que eles dizem e demonstrar compreensão não significa ser ingênuo, artificial, piegas ou bonachão. Como técnica de comunicação, o reconhecimento do outro tem o poderoso efeito benéfico de mudar a qualidade da interação. Portanto, ao escutar de modo interessado e inclusivo, concedendo expressamente reconhecimento ao outro, você "estará maximizando a chance de iniciar um diálogo construtivo" (pp. 53-54).

6.2. Concentrar-se nos interesses

Depois de "separar as pessoas do problema", o segundo ponto fulcral proposto pela escola de Harvard é: "concentre-se em interesses, e não em posições": "o problema básico em uma negociação não é o conflito de posições, mas de necessidades, desejos, preocupações e temores. [...] Tais desejos e preocupações são *interesses*. Interesses são motivadores. São a força oculta por detrás do rebuliço de posições". A sua posição é algo sobre o que você decidiu. Seus interesses são os fundamentos que o levaram a tomar essa decisão (pp. 57-58).

No conflito, tendemos a presumir que, como as posições são opostas, os interesses também serão. Porém, a dinâmica do diálogo mediado ajuda a superar essa perspectiva limitada. Conforme haja uma redução da assimetria de informações, "um exame mais aprofundado dos interesses subjacentes revelará muito mais interesses mútuos e compatíveis do que antagônicos" (pp. 58-59). A revelação de eventuais interesses convergentes ou complementares pode ocorrer, por exemplo, após o resumo realizado pelo mediador: ao ressaltar as diferenças de perspectivas dos envolvidos e as diferenças de motivações, o resumo possibilita o fortalecimento sobre os seus próprios interesses e, ao mesmo tempo, cria oportunidade para o reconhecimento dos interesses dos outros.

Na busca por identificar interesses e gerar oportunidades de reconhecimento, *Como chegar ao sim*, com o pragmatismo peculiar de seus autores, dá uma dica direta: "**Pergunte 'Por quê?'.** Uma técnica básica é colocar-se no lugar deles". Com foco nos ganhos de autoconsciência e de empatia, a dica é voltada para os vetores intrapessoal e interpessoal de inteligência: pergunte a si mesmo por que você pede algo; pergunte-se por que as outras pessoas assumem determinada posição; e, se for possível ou necessário, pergunte abertamente pelos interesses delas. Neste último caso, deixe claro que você não busca uma justificativa para a posição delas, "mas um entendimento das necessidades, esperanças, medos ou desejos que estão por trás dela": *qual é a sua maior preocupação para desejar isso que está pedindo?* (p. 60).

Vejamos um experimento que demonstra como o reconhecimento dos interesses dos outros pode influenciar o resultado de uma negociação:

> os cientistas fizeram os alunos de MBA se envolver em uma negociação simulada sobre a venda de um posto de gasolina. Eles combinaram que o preço mais alto que os compradores estavam autorizados a pagar era menor que o preço mais baixo que os

> vendedores estavam autorizados a aceitar. Mas o preço não era a única coisa a ser negociada; tanto o comprador quanto o vendedor tinham outros interesses que, se devidamente considerados, poderiam resultar num negócio que satisfizesse ambas as partes. Antes da negociação, um terço dos pesquisados recebeu instruções genéricas. Outro terço foi instruído a imaginar o que o outro lado estava *pensando* e o terceiro grupo foi instruído a imaginar o que o outro lado estava *sentindo*. Os que se concentraram nos pensamentos ou nos sentimentos dos outros mostraram uma probabilidade significativamente maior de fechar um acordo do que os que não o fizeram. (GALINSKY *et. al.*, *apud* MLODINOW, 2022, p. 158 – destaques conforme o original)

Percebamos que tanto o desenvolvimento das habilidades de empatia cognitiva quanto de empatia emocional tem impacto vantajoso para a qualidade da interação e, portanto, para os resultados positivos obtidos colaborativamente por todos os envolvidos. Goleman afirma que: "A mais poderosa forma de ouvir não defensivamente, claro, é a empatia: ouvir de fato os sentimentos *por trás* do que está sendo dito" (2012, p. 165). Já Mlodinow acrescenta: "quem tem a capacidade de ver a perspectiva do outro navega melhor na trajetória dos voos emocionais coletivos, encontrando o equilíbrio certo entre competição e cooperação" (2022, p. 161).

O aproveitamento das oportunidades de mudança para o fortalecimento próprio e para o reconhecimento do outro é uma preocupação tão central para a escola de Harvard que o método é expresso ao sugerir que a pessoa tenha clareza de seus interesses e, mais que isso, saiba dialogar de modo a permitir que os outros reconheçam tais interesses. Se o propósito é ter seus interesses atendidos, quando você os comunica, cresce a possibilidade de que isso ocorra. "É possível que o outro lado não saiba quais seriam os seus interesses". Com a intenção de ampliar a empatia cognitiva do outro, *Como chegar ao sim* prescreve alguns imperativos: "se você deseja que o outro lado leve seus interesses em consideração, explique-os para eles"; "evidencie seus interesses"; "é sua tarefa fazer com que a outra parte entenda exatamente quão importantes e legítimos são os seus interesses" (p. 65).

O modelo facilitativo também entende que as mudanças, uma vez alcançadas, instauram um ciclo virtuoso de regeneração da relação que está em crise. Ter a habilidade de ver o mundo pelos olhos dos outros (em uma conexão "de mente para mente") possibilitará a ocorrência de novas transformações positivas:

> **Reconheça os interesses deles como parte do problema**. Cada um de nós tende a se preocupar tanto com seus próprios interesses que acabamos dando pouca importância aos interesses alheios. As pessoas lhe darão maior atenção se acreditarem que você entendeu o ponto de vista delas. [...] Assim, se você deseja que o outro lado considere os seus interesses, comece demonstrando que você compreende os *deles*. (p. 66)

Só é possível deixar de concentrar-se *nas posições* após as mudanças de ganho de fortalecimento sobre seus próprios interesses e de reconhecimento dos interesses dos outros envolvidos. Novamente, a dinâmica de desenvolvimento da mediação está vinculada à promoção de oportunidades de aprendizados intrapessoais e interpessoais – o olhar do mediador, quer seja ele transformativo ou facilitativo, deve estar atento para os dois vetores da inteligência emocional que contribuem para a superação da crise conflituosa. Bush e Folger parecem até mesmo dialogar diretamente com Fisher, Ury e Patton e, expressamente, afirmam que "ocorre o fortalecimento na mediação" quando uma das pessoas alcança uma compreensão mais clara (comparada com a situação anterior) do que lhe importa e por quê; compreende mais claramente quais são suas metas e seus interesses na situação dada; e compreende por que persegue essas metas (2008 – edição "antiga" –, pp. 135-136).

Indicando convergência entre as duas escolas de mediação ora estudadas, a transformativa atesta a importância de que a interação passe a ser baseada em interesses, ao descrever que a mudança para o reconhecimento do outro ocorre quando há um "esforço consciente por compreender a perspectiva e ter em conta as preocupações e necessidades da outra parte" (BUSH; FOLGER, 2008 – edição "antiga" –, p. 144).

A negociação só prosperará de modo proveitoso para todos e a transformação da qualidade da interação só ocorrerá se as pessoas tiverem clareza sobre as preocupações e necessidades, próprias e de terceiros. Conhecer e aprofundar seus próprios interesses e os interesses dos outros está no cerne de ambas as linhas de mediação.

6.3. Criatividade: invenção de opções de ganhos mútuos

O método de Harvard funciona como um conjunto encadeado de ideias: se todos os envolvidos se fortaleceram quanto aos seus próprios interesses e também tiveram a chance de reconhecer os interesses dos outros, geralmente todos terão a sua criatividade estimulada para "criar soluções mutuamente vantajosas" (p. 68).

A Mediação Facilitativa segue a mesma dinâmica já apresentada pela Mediação Transformativa: usualmente, primeiro ocorre uma mudança para o fortalecimento de si; na sequência, há uma abertura e uma curiosidade genuína para compreender o interesse do outro.

H. Simon já nos disse que a razão funciona melhor depois de ter recebido um conjunto adequado de informações iniciais. Com o intercâmbio de informações, as pessoas habilitam-se para superar as naturais limitações da racionalidade e tornam-se capazes de produzir opções viáveis de solução ou melhorar as opções já conhecidas. Neste ponto, os conceitos de Simon são colocados em prática: o reconhecimento mútuo de interesses equivale também ao fortalecimento de todos os envolvidos, que "adquirem consciência da gama de opções que pode garantir total ou parcialmente a obtenção de suas metas". Com essa consciência fortalecida e o reconhecimento recíproco, as pessoas promovem uma certa adaptação concreta ao outro e decidem obter "uma solução satisfatória para ambos" (BUSH; FOLGER, 2008 – edição "antiga" –, pp. 136 e 143).

Ou seja, nos dois estilos de mediação estudados, o transcorrer das interações levará à criação de um ambiente de colaboração e de criatividade, no qual, conforme as lições de Harvard, torna-se possível pensar em "maneiras sensatas de atender aos interesses de ambos os lados" (p. 74).

A escola facilitativa tem, dentre muitos outros, o mérito de sistematizar um método para inventar soluções criativas de ganhos mútuos: o *brainstorming*. Todo esse método é baseado em sucessivos movimentos de fortalecimento de si e de reconhecimento do outro. A própria premissa do *brainstorming* é o reconhecimento recíproco de interesses, sendo fundamental a promoção das competências de inteligência emocional interpessoais em todos os envolvidos: "educar ambos os lados sobre as preocupações do outro" (p. 76).

Para criar um clima de solução conjunta de problemas, no qual seja possível alcançar soluções que satisfaçam ambos os lados, a mudança da qualidade da interação, com a outorga de reconhecimento, é tão intrinsecamente ligada ao *brainstorming* que os professores de Harvard alertam para a importância da promoção da empatia cognitiva: "se você conseguir se colocar inteiramente dentro da posição de seu oposto, entenderá melhor o problema dele e perceberá qual seria a melhor opção para resolver o problema" (p. 87).

Neste ponto, vale retomar a ideia de que raciocinar e decidir exige que as pessoas tenham conhecimento da situação, das diferentes opções de ação (respostas) e das consequências de cada uma dessas opções (resultados). Isso porque somente com base em todas essas informações será possível planejar e executar a sequência apropriada de ações para atingir a solução escolhida. Deste modo, em todo esse processo, possuir (ou produzir) um maior número de opções, equivale a maximizar o número de portas abertas para o futuro – ou seja, a criação de opções está diretamente relacionada à produção de decisões mais inteligentes. Com isso, cada pessoa se fortalece, porque "reflete, delibera e adota decisões conscientes por si mesma acerca do que quer fazer" (BUSH; FOLGER, 2008 – edição "antiga" –, p. 137).

Cientes dos benefícios relacionais proporcionados pelo *brainstorming*, os autores do modelo transformativo são expressos ao afirmar que "uma parte se torna fortalecida na mediação quando utiliza a técnica de *brainstorming* e avalia soluções alternativas" (2008 – edição "antiga" –, pp. 136-137).

6.4. Utilização de critérios objetivos

Neste passo e no próximo (item 6.5.), o modelo facilitativo continua tendo como finalidade promover o desenvolvimento de competências de inteligência intrapessoal e interpessoal. A partir de agora, além dos componentes vetorizados para si e vetorizados para o outro, será incluída a terceira orientação da empatia (item 3.3.): o vetor externo, que se ocupa da conscientização sobre elementos sistêmicos e da habilidade para perceber fatores externos influenciadores do processo de tomada de decisão.

Ajudar as pessoas a negociar com base em critérios objetivos gera a oportunidade de fortalecimento de todos sobre o contexto no qual estão inseridos; afinal de contas, os mediandos, durante a crise do conflito, não estão em uma "ilha deserta, sem história, costumes ou padrões morais" (p. 91).

A utilização de padrões de justiça, eficiência e mérito científico (p. 92) promove ganho de clareza para as pessoas sobre as maneiras pelas quais situações semelhantes são ou foram decididas na sociedade. Se os mediandos conseguem trazer para a mesa de mediação questões substantivas ou procedimentais já testadas em situações análogas, estarão mais preparados (fortalecidos) para tomar uma decisão.

Respeitada a autodeterminação de todos, a ajuda na busca por critérios objetivos significa que cada participante da mediação estará, cada vez mais, "aberto à razão, mas fechado a ameaças" (p. 92). Ou seja, critérios objetivos ajudam a pautar uma interação positiva e construtiva, aumentando a possibilidade de um desfecho considerado sensato e justo por todos. Mais uma vez, as pessoas são, literalmente, colocadas lado a lado para resolver o problema.

Fortalecimento de si e reconhecimento do outro são mudanças que ocorrem de modo cíclico e entrelaçado: não basta pesquisar critérios objetivos que lhe agradem; é necessário estar aberto para o reconhecimento dos critérios apresentados pelos outros envolvidos, porque "um padrão de legitimidade não elimina a existência de outros" (pp. 97-98).

A dinâmica interrelacional transformativa de fortalecimento próprio e de compreensão do outro fica evidenciada também pela utilização dos padrões objetivos: para avançar na mediação, o modelo de Harvard leciona: "convide a outra parte a enunciar seus argumentos, sugira critérios objetivos [...] jamais ceda à pressão, apenas a princípios" (p. 99). Agindo dessa maneira, os mediandos separam a pessoa do problema e mantêm-se firmes (fortalecidos e concentrados) na preservação de seus interesses.

A conversa sobre critérios objetivos favorece um equilíbrio entre aspectos emocionais e racionais no processo decisório. Se os passos anteriores do método estavam focados em aprimoramentos das habilidades emocionais, agora chegou a vez de tirar melhor proveito dos instrumentos da lógica.

6.5. Desenvolvimento de alternativas ao acordo

As proposições da Mediação Facilitativa acima apresentadas cuidam de colocar as pessoas lado a lado, concentradas nos interesses (os próprios e os do outro), com ganho de clareza e criatividade sobre as opções que todos têm à mesa, assim como com a inclusão de critérios objetivos existentes na sociedade, os quais podem margear o processo de tomada de decisões. Em adição a tudo isso, com uma visão ampla e sistêmica, o método tem a preocupação de que as pessoas tenham consciência de quais são as alternativas, caso não cheguem a um acordo na mediação.

Para a escola de Harvard, a razão pela qual um indivíduo negocia "é produzir um resultado melhor do que conseguiria sem a negociação". Portanto, ter em mente qual é a melhor alternativa para um acordo negociado "é o único padrão que vai protegê-lo tanto de aceitar termos excessivamente desfavoráveis quanto de rejeitar termos que seriam de seu interesse aceitar" (p. 107).

A técnica tem o objetivo primeiro de fortalecer a pessoa: "uma vigorosa exploração do que você irá fazer caso não chegue a um acordo poderá fortalecer muito a sua argumentação" (p. 110). Além disso, conhecer melhor suas possibilidades dentro e fora da mediação auxiliará na busca da melhor solução possível. "Saber o que fazer se a negociação falhar lhe dará maior confiança durante o processo" (p. 111).

Lembremos como cada pessoa chega à mediação quando vivencia a crise do conflito (item 5.1.): quanto a si mesma, a crise na interação gera fraqueza e a pessoa fica frágil, insegura, confusa, desorganizada, incerta; nesse estado, dificilmente terá clareza sobre as alternativas que tem, caso não chegue a um acordo em mediação. Em relação ao outro, a crise/conflito gera autocentramento e a pessoa preocupa-se só consigo mesma; fechada em si, dificilmente conseguirá imaginar quais são as alternativas que o outro tem à sua disposição, caso não haja acordo. Compreender as alternativas do outro impacta, imediatamente, em uma mudança para o fortalecimento próprio: "você deve pensar também sobre as alternativas a um acordo negociado disponíveis para o outro lado. Quanto mais for possível saber sobre as alternativas deles, mais bem-preparado você ficará para a negociação. Com esse conhecimento, você poderá, realisticamente, estimar o que esperar da negociação" (p. 111).

Portanto, pensar nas alternativas, caso não seja feito um acordo em mediação, é mais um critério (racional) que pode guiar o processo decisório e que também envolve um olhar atentamente vetorizado para si e para o outro.

7. A MEDIAÇÃO TRANSFORMATIVA E A FACILITATIVA LADO A LADO

A análise conjugada dos dois modelos de mediação nos faz crer que, em todos os seus passos, o processo organizado pela escola de Harvard também tem a intenção de promover o desenvolvimento dos componentes da inteligência emocional e gerar nos mediandos transformações para o fortalecimento de si e para o reconhecimento do outro: "uma negociação bem-sucedida exige que você seja *ao mesmo tempo* <u>firme</u> e <u>aberto</u>" (FISHER; URY; PATTON, 2014, p. 69 – grifos não presentes no original).

Tanto a Mediação Transformativa quanto a Facilitativa são processos dialógicos que, na medida em que criam condições para o aprimoramento da inteligência emocional, estimulam a tomada de decisões inteligentes.

Como grande diferencial entre os dois modelos, poderia ser levantado o fato de que, para a Mediação Transformativa, fortalecimento de si e reconhecimento do outro não são resultados incidentais ou finalidades implícitas, como aparentemente ocorre no modelo facilitativo. Para o mediador transformativo, as mudanças para o fortalecimento de si e para o reconhecimento do outro são (explícita e conscientemente) os "objetivos centrais" das suas intervenções (BUSH; FOLGER, 2008 – edição "antiga" –, p. 171).

A coexistência dos modelos de mediação espelha a coerência entre as teorias que os embasam e suas práticas. Em um mundo complexo, composto por pessoas e conflitos pluridimensionais, a convivência entre métodos de trabalho dialógico distintos é uma condição natural e bem-vinda. O reconhecimento de que há mais de uma perspectiva metodológica conduz mediadores a realizarem diferentes tipos de intervenções que considerem adequadas para alcançar suas metas. O fundamental para o desenvolvimento da mediação é que o mediador tenha clareza de qual é seu propósito, de um modo que *o propósito impulsione a sua prática* (BUSH; FOLGER, 2005, p. 119).

Como crença fundamental, o presente estudo enxerga que pessoas em conflito buscam a transformação da interação (de negativa, destrutiva e demonizadora para positiva, construtiva e humanizadora) tanto quanto ou mais do que procuram firmar um acordo. Soma-se a isso a crença de que as pessoas são capazes de tomar decisões por si, com autodeterminação, e com compreensão e reconhecimento das perspectivas das outras pessoas envolvidas (BUSH; FOLGER, 2005, p. 214).

EPÍLOGO: UM CONVITE PARA NOVOS PROCESSOS DIALÓGICOS

Realizei um mergulho nos saberes das diversas áreas pesquisadas: a mediação, a inteligência emocional e a neurociência. Esses saberes, envoltos, atravessados e sedimentados por minhas experiências (profissionais, familiares e todas as demais) foram me revelando, dia a dia, que os conhecimentos desses arcabouços prático-teóricos se complementam. Ao me aproximar do fim do livro, olho para trás e muitas vezes tenho dificuldade em segmentar os saberes. Chego a um ponto em que as fronteiras entre mediação, inteligência emocional e neurociência se esvaem e as três entrelaçam-se, como fundamentos e meios, para que possamos nos desenvolver e construir decisões inteligentes. Há muito a mergulhar ainda; e, aqui, conforme a profundidade aumenta, iluminam-se novas ideias.

O ensaio foi impulsionado pela intenção de demonstrar que a mediação, ao promover a interação dialógica entre as pessoas, com a intervenção do mediador, é um ambiente propício para a tomada de decisões inteligentes.

Ao estimular o desenvolvimento das competências da inteligência emocional, com incremento das aptidões de autoconsciência, autocontrole e empatia, bem como a conscientização sobre aspectos do contexto no qual se está inserido, a mediação permite que ocorram mudanças na qualidade da interação entre as pessoas.

Em situações de ameaças físicas ou simbólicas, sentimentos de medo e raiva são ativados de modo imediato pelo sistema límbico, colocando-nos em alerta contra perigo: comportamentos hostis e violentos são disparados pela amígdala, em uma reação rápida e involuntária que nos arma para reações de fuga e de luta. A amígdala, por ser uma estrutura conectada a diversas regiões do cérebro, é capaz de sequestrar nossa racionalidade, impondo comportamentos irrefletidos e desvantajosos para nós mesmos e para os outros, que se retroalimentam em um ciclo vicioso de negatividade, destruição e demonização.

As habilidades de inteligência intrapessoais e interpessoais são processadas no cérebro pelo córtex pré-frontal, em áreas terciárias, que ocupam o topo da complexidade na hierarquia funcional cerebral. Esse processamento é lento e ocorre por longos circuitos indiretos. Ao utilizarmos esses elaborados circuitos, libertamo-nos dos desígnios das reações impulsivas e somos capazes de fazer escolhas conscientes.

O desenvolvimento de autoconsciência significa compreensão profunda das próprias emoções, forças, fraquezas, necessidades e impulsos. O autocontrole envolve a contenção das respostas irrefletidas e o ganho da capacidade de planejamento e execução das estratégias comportamentais adequadas às situações físicas e sociais. Ter empatia, em todas as suas distinções, é levar em conta, ponderadamente, os pensamentos e sentimentos dos outros no processo de tomada de decisões. Cada um dos ganhos das capacidades de inteligência emocional, processados pelas estradas principais do neocórtex, por menores que sejam, promovem mudanças nas pessoas: fortalecimento de si e reconhecimento do outro. Tais transformações implicam a regeneração da qualidade da interação interpessoal, que passa a ocorrer de forma positiva, construtiva e humanizadora.

No transcorrer do processo da mediação, com atenção e intervenções microfocadas, o mediador proporciona aos envolvidos oportunidades para que ocorra um pensamento lento e, portanto, reflexivo. Assim, sem serem atropeladas por uma interação dialógica rápida e impensada, as pessoas têm condições para superar situações que lhes seriam prejudiciais no processo decisório, como os sequestros emocionais e os vieses de julgamento. Além disso, na medida em que concentra atenção ao processo decisório e nos ajuda a integrar razão e emoção, a mediação mitiga eventuais efeitos danosos da natural condição de limitação da racionalidade humana.

De um modo barato e que preserva a liberdade de escolha das pessoas, a mediação corresponde à arquitetura de um processo decisório que influencia sensivelmente o resultado que será atingido, propiciando decisões inteligentes e vantajosas para si e para o outro.

Com tudo isso, na mediação, as pessoas ponderam sobre a complexidade da situação, a riqueza das opções e as consequências das escolhas. Há a maximização da liberdade de ação para o futuro, com a elaboração de soluções cognitivas socialmente adequadas e a desautomatização das reações. A mediação, portanto, é capaz tanto de promover a autodeterminação das pessoas, quanto de criar condições para a construção das decisões inteligentes.

Como possível impacto social deste texto, acredito que a disseminação da mediação, de forma cientificamente embasada, seja em si um *nudge* para que as pessoas, a partir do momento em que saibam que o método existe e que é eficaz, possam escolhê-lo (ou não) para gerir seus conflitos.

Eu me sentirei gratificado, com aquela sensação de missão cumprida, se a leitura de algum trecho deste livro oferecer a você, caro leitor, a oportunidade de levar um olhar consciente para si mesmo, para os outros com quem você convive e para a qualidade das suas interações – como você contribui para que elas sejam produtivas, construtivas e humanizadoras?

Uma grande mestra e amiga me dizia que diálogos não terminam, são interrompidos. Aqui, termina só o livro. O final é aberto, permeável à reconstrução e à diversidade de caminhos futuros. Se você, leitor, quiser retomar o diálogo comigo, uma primeira mensagem enviada através do LinkedIn sempre será um jeito fácil de me encontrar. Aguardo seu contato!

REFERÊNCIAS

ALMEIDA, Tania. *Caixa de ferramentas em mediação – aportes práticos e teóricos.* São Paulo: Dash, 2017.

BAYER, Sandra R. G. O.; GROSMAN, Claudia F. As oportunidades da aplicação da mediação no âmbito empresarial. *In* ALMEIDA, Tania *et al.* (coord.). *Mediação de conflitos: para iniciantes, praticantes e docentes.* Salvador: Juspodivm, 2016.

BECK, Aaron T. *Prisoners of hate: the cognitive basis of anger, hostility and violence.* New York: Perennial, 1999.

BRAGA NETO, Adolfo. Conflitos familiares e a mediação. *In* BRAGA NETO, A. (org.). *Mediação familiar: a experiência da 3ª Vara de Família do Tatuapé.* São Paulo: CL-A, 2018.

BUSH, Robert. A. B.; FOLGER, Joseph. P. Mediação transformativa e intervenção de terceiros: as marcas registradas de um profissional transformador. *In* SCHNITMAN, D. F.; LITTLEJOHN, S. (orgs.). *Novos paradigmas em mediação.* Porto Alegre: Artmed, 1999.

BUSH, Robert. A. B.; FOLGER, Joseph. P. *The promise of mediation – the transformative approach to conflict – new and revised edition.* San Francisco: Jossey-Bass, 2005.

BUSH, Robert. A. B.; FOLGER, Joseph. P. *La promesa de mediación – cómo afrontar el conflicto a través del fortalecimiento proprio y el reconocimiento de los otros.* 1ª reimpressão. Buenos Aires: Granica, 2008.

CIALDINI, Robert B. *As armas da persuasão.* Rio de Janeiro: Sextante, 2012.

DAMÁSIO, António. *O erro de Descartes: emoção, razão e o cérebro humano.* São Paulo: Companhia das Letras, 1996.

DWECK, Carol S. *Mindset: a nova psicologia do sucesso.* São Paulo: Objetiva, 2017.

FONKERT, Renata. Mediação familiar: recurso alternativo à terapia familiar na resolução de conflitos em famílias com adolescentes. *In* SCHNITMAN, D. F.; LITTLEJOHN, S. (orgs.). *Novos paradigmas em mediação*. Porto Alegre: Artmed, 1999.

GARDNER, Howard. Inteligências múltiplas: a teoria na prática. Porto Alegre: Artmed, 1995.

GERGEN, Kenneth J. Rumo a um vocabulário do diálogo transformador. *In* SCHNITMAN, D. F.; LITTLEJOHN, S. (orgs.). *Novos paradigmas em mediação*. Porto Alegre: Artmed, 1999.

GOLEMAN, Daniel. I*nteligência emocional: a teoria revolucionária que redefine o que é ser inteligente*. 2ª ed. Rio de Janeiro: Objetiva, 2012.

GOLEMAN, Daniel. *Liderança: a inteligência emocional na formação de um líder*. Rio de Janeiro: Objetiva, 2015.

GOLEMAN, Daniel. *Inteligência social: a ciência revolucionária das relações humanas*. Rio de Janeiro: Objetiva, 2019.

HARARI, Yuval N. *Sapiens: uma breve história da humanidade*. São Paulo: Companhia das Letras, 2020.

HERCULANO-HOUZEL, Suzana. A *vantagem humana: como nosso cérebro se tornou superpoderoso*. São Paulo: Companhia das Letras, 2017.

ISOLDI, Ana Luiza. Diferentes modelos: manejo da linguagem e pertinência dos estilos de mediação. *In* ALMEIDA, Tania *et al.* (coord.). *Mediação de conflitos: para iniciantes, praticantes e docentes*. Salvador: Juspodivm, 2016.

KAHNEMAN, Daniel. *Rápido e devagar: duas formas de pensar*. Rio de Janeiro: Objetiva, 2012.

MACHADO, Angelo; HAERTEL, Lúcia M. *Neuroanatomia funcional*. 4ª ed. Rio de Janeiro: Atheneu, 2022.

MLODINOW, Leonard. *Emocional: a nova neurociência dos afetos.* Rio de Janeiro: Zahar, 2022.

PINKER, Steven. *Os anjos bons da nossa natureza: por que a violência diminuiu*. São Paulo: Companhia das Letras, 2013.

PRADO, Flávio Faibischew. Mediação Familiar: uma perspectiva para famílias que atravessam a fase de separação conjugal. *Nova Perspectiva Sistêmica*, dezembro/2021, número 71, pp. 56-71. São Paulo, Instituto Noos, 2021.

PRADO, Flávio Faibischew *et al.* Afinal, quais são os principais meios para solução de conflitos? *In* BRAGA NETO, A. (org.). *Justiça: reflexões sobre caminhos além do Judiciário*. São Paulo: CL-A, 2022.

PRADO, Flávio Faibischew *et al.* Mediação – aspectos gerais e algumas áreas de utilização. *In* BRAGA NETO, A. (org.). *Justiça: reflexões sobre caminhos além do Judiciário*. São Paulo: CL-A, 2022-1.

PRADO, Flávio Faibischew. Microfoco. *In* ALMEIDA, Tania (org.). *Caixa de ferramentas na mediação II: novos aportes*. São Paulo: Dash, 2023.

RUSSEL, Tamara. *What is mindfulness?* London: Watkins Publishing, 2017.

SIMON, Herbert. *A razão nas coisas humanas*. Lisboa: Gradiva, 1989.

THALER, Richard H.; SUNSTEIN, Cass R. *Nudge: como tomar melhores decisões sobre saúde, dinheiro e felicidade*. Rio de Janeiro: Objetiva, 2019.

URY, W.; FISHER, R.; PATTON, B. *Como chegar ao sim – como negociar acordos sem fazer concessões*. Rio de Janeiro: Solomon, 2014.

YAZBEK, Vania Curi. Comunidade de aprendizagem como processo formativo em práticas de justiça restaurativa. *In* GRECCO, Aimée. (org.). *Práticas restaurativas: um novo olhar para o conflito e a convivência*. São Paulo: Sattva, 2019.

Agradecimentos
(ou melhor: reconhecimentos)

Agradeço:

À Luciana, revisora de todos meus textos e coautora de uma vida;

Ao Pedro Luís, que, com seu córtex pré-frontal ainda em fase de desenvolvimento, me ensina muito sobre a qualidade da nossa interação, todos os dias;

À Ana Beatriz, que há 20 anos me ajuda a desenvolver a reflexão e criar novos significados;

À Silvia Martinelli Deroualle, corresponsável por uma ampliação de horizontes que me conduziu a algumas decisões inteligentes;

À Vania Curi Yazbek (*in memoriam*), mestra e amiga;

Ao Adolfo Braga Neto, amigo, professor e quem primeiro me apresentou a Mediação Transformativa;

À Célia Zapparolli, professora e coordenadora da minha primeira formação em mediação, um curso organizado com excelência;

À Ana Maria Maia Gonçalves, que sempre me instiga a estudar um pouco mais a estrutura da mediação e o modelo de Harvard;

À Joyce Markovits, companheira de aulas, que me convidou a fazer a pós-graduação em Neurociências, sem o que este livro não existiria;

Ao Fabio Humberg, mais que editor, um incentivador permanente;

Aos amigos, professores e clientes, que me ajudam em minha formação como mediador e como pessoa;

A todas as pessoas de quem discordo e às pessoas com as quais já briguei... sem vocês, eu jamais entenderia o que é o estado de crise que caracteriza o conflito.

Editor: Fabio Humberg
Editor científico: Guilherme Assis de Almeida
Capa: Alejandro Uribe
Revisão: Humberto Grenes, Cristina Bragato e Rodrigo Humberg

Dados Internacionais de Catalogação na Publicação (CIP)
(Câmara Brasileira do Livro, SP, Brasil)

Prado, Flávio Faibischew
   Mediação, inteligência emocional e neurociência :
como construímos melhores decisões equilibrando razão
e emoção / Flávio Faibischew Prado. -- São Paulo :
Editora CL-A Cultural, 2023.

   Bibliografia.
   ISBN 978-65-87953-55-7
   e-ISBN 978-65-87953-51-9

   1. Conflitos - Resolução (Direito) 2. Inteligência
emocional 3. Mediação e conciliação 4. Neurociência
5. Tomada de decisões I. Título.

23-176862   CDU-34:301

Índices para catálogo sistemático:

1. Mediação de conflitos : Direito : Aspectos
    sociais   34:301

(Aline Graziele Benitez - Bibliotecária - CRB-1/3129)

Editora CL-A Cultural Ltda.
Tel.: (11) 3766-9015 | Whatsapp: (11) 96922-1083
editoracla@editoracla.com.br | www.editoracla.com.br
linkedin.com/company/editora-cl-a/ | instagram.com/editoracla |
www.youtube.com/@editoracl-acultural691

Disponível também no formato *e-book*.